# O TRABALHO DE GURDJIEFF

KATHLEEN RIORDAN SPEETH

# O TRABALHO DE GURDJIEFF

Tradução de
Maio Miranda

EDITORA CULTRIX
SÃO PAULO

Título do original:
THE GURDJIEFF WORK


Ilustrações de
THOMMY DAVIS

Edição
9 8 7 6 5 4 3 2

Ano
3 4 5 6 7 8 9

---


EDITORA CULTRIX
Rua Dr. Mário Vicente, 374, 04270 São Paulo, SP, fone 63-3141.

---

*Impresso nas oficinas*
*da **EDITORA PENSAMENTO.***

Ao Bem-Amado de muitas formas,
que, toda a vez que reparo, está sempre
me guiando.

TOTILLA ALBERT — AMMA — FRANK BARRON — MARINA BEAR — LUC BREBION — JOE CAMHI — CARLOS CASTANEDA — AKAI COULTER SULEYMAN DEDE — OLGA DE HARTMANN — ROBERT DE ROPP — JEANNE DE SALZMANN — DHIRAVAMSA — BOBBY DREYFUS — ALFRED ETIERVANT — LISE ETIERVANT — JIM FADIMAN — RESHAD FEILD — BOB FRAGER — IRA FRIEDLANDER — DATTARAM GAVAND — E. J. GOLD — GEORGE GURDJIEFF — JIM HARRIS — CLIFFORD HERSH — BOB HOFFMAN — JESSMIN HOWARTH — ESTELLE HOYT — DON HOYT — OSCAR ICHAZO — H. H. KARMAPA — AL KASTIL — SAM KEEN — FRED KELLER — FIONA KLINE — HENRY KORMAN — JACK KORNFIELD — MARK KRIGER — J. KRISHNAMURTI — MICHAEL LORIMER — GAY LUCE — LEON LURIE — STUART MARGULIES — ALAN MARX — ARMANDO MOLINA — LARRY MORRIS — BABA MUKTANANDA — DULCIE MURPHY — CHARLES MUSES — CLAUDIO NARANJO — JAVAD NURBAKHSH — WILLEM NYLAND — DEBORA O'KEEFE — LAURA PERLS — BEATRICE RAFF — PAUL REYNARD — DUDJOM RINPOCHE — GYATRUL RINPOCHE TARTHANG RINPOCHE — JOHN RIORDAN — MAVIS MCINTOSH RIORDAN — DAVID ROSENMANN — HASSAN SHUSHUD — HAKIM SKELLY — SHELDON SKLARE — LAUREN SPEETH — CATHERINE SWINARSKI — TAJ — PAMELA TRAVERS — VIRGINIA VEACH — WILLIAM WELCH — LOUISE WELCH — BOB HORN.

As tradições sagradas do mundo definem os objetivos e os valores de uma vida proveitosa e inspiram sentimentos morais e os mais elevados ideais que a humanidade é capaz de conceber. Cada uma das grandes religiões tem um aspecto esotérico no qual são transmitidos verbalmente, a aspirantes especialmente preparados, os métodos para aprender a viver realmente por esses valores. G. I. Gurdjieff, contemporâneo de Sigmund Freud, teve acesso à sabedoria oculta das tecnologias sagradas do Oriente e do Ocidente e formulou um conjunto de ensinamentos para uso dos europeus e americanos, dos dias atuais, que buscam a auto-realização. Este sistema pouquíssimas vezes tem sido ensinado fora de grupos fechados, formados por estudantes já envolvidos. Aqui está, finalmente, uma apresentação concisa e clara da sua vida, do seu trabalho e das suas idéias.

G. I. Gurdjieff: Filósofo, Explorador e Mestre de Dança

# PREÂMBULO

O lugar de Gurdjieff no mundo das doutrinas e dos mestres espirituais é misterioso, intrigante e, decididamente, muito importante. De fato, ele foi — tomando emprestada uma expressão sua, retirada de um opúsculo escrito durante sua residência temporária na França — um anunciador do bem que está para vir. Hoje, quando aquilo que antes era esotérico agora está entrando no mercado e, praticamente, na vida de toda a gente, e quando o *barakath* está afetando milhares de pessoas, talvez seja necessário algum esforço de imaginação para nos colocarmos em posição de sentir o transe deste homem, um iniciado de uma antiga escola esotérica, que tomou a si o encargo de mostrar ao mundo ocidental que a humanidade está adormecida, que há níveis de existência mais elevados e que, em algum lugar, há pessoas que sabem. Ele certamente teve ambiente e dotes para extrair a essência de muitas doutrinas e apresentá-la depurada de adendos e de adereços culturais, numa forma apropriada para a situação em que se encontrava. Um dos enigmas a seu respeito é o contraste entre sua aparente qualidade de mestre e o fato de não ter conseguido, durante toda a sua vida, elevar qualquer um dos seus discípulos até o seu nível — e assim fundar uma doutrina na plena extensão da palavra. Todavia, quando o julgamos, não pelos ensinamentos que ministrou a alguns poucos, mas por seu papel na história da cultura e da espiritualidade, ele não fracassou. Sozinho, conseguiu ministrar um choque, ao mundo Europeu e Americano, talvez mais importante do que qualquer outro ocorrido até a onda cultural do princípio da década de sessenta.

Kathleen Riordan Speeth compreendeu o trabalho de Gurdjieff, no qual durante treze anos seus pais tinham estado mergulhados; experimentou a inalterável doçura do mestre para com as crianças (e causticidade para com os adultos) e desde então tem absorvido suas idéias, na teoria e na prática. Além disso, suas pesquisas em outros campos de ensino, nos últimos anos, dá-lhe uma perspectiva que é rara na literatura de Gurdjieff. Agora ela apresenta o que é um relato claro e conciso das principais idéias do mestre. Que este trabalho possa estimular os esforços conscientes do leitor e purificar sofrimentos.

CLAUDIO NARANJO

Albany, Califórnia,
julho de 1976

# PREFÁCIO

Uma atmosfera de reuniões clandestinas, em circunstâncias revolucionárias, ainda impregna as atividades de muitos dos seguidores de Gurdjieff. Numa época em que os ensinamentos tântricos mais esotéricos podem ser encontrados em brochura, em que as estórias *sufi* estão sendo impingidas a milhões e em que políticos acham admissível, e até mesmo importante, visitar gurus indianos, certas figuras públicas, autores e conferencistas ligados às idéias de Gurdjieff, nunca, mas nunca, declararão publicamente suas ligações com o "Trabalho". E nem eu vou desmascará-los. Cabe a cada um de nós agir de conformidade com o próprio entendimento.

Tudo o que posso fazer é desmascarar a mim mesma, da melhor maneira que saiba fazê-lo, pois acredito que os leitores têm o direito de saber de onde um autor vem. Os livros são escritos por seres humanos e, inevitavelmente, seres humanos têm prevenções.

Gurdjieff tem sido uma influência em minha vida, desde antes que ela começasse, e eu ainda preciso desemaranhar todos os fios de identificação intelectual e emocional que ainda me prendem a ele. Nasci dentro do Trabalho de Gurdjieff e carrego sua marca. Num lugar qualquer, Gurdjieff é citado como tendo dito que a religião de cada indivíduo deve ser reverenciada porque a sua consciência, dele ou dela, está oculta dentro do dogma dessa religião; bem no meu íntimo, sei que tudo, em mim, que registre verdade, bondade e beleza, está cercado de associações com os ensinamentos de Gurdjieff e com sua pessoa. Seu rosto cordial, seus comentários rabelaisianos, quase incompreensíveis, sua generosidade incrível, sua música pungente — o que eu sei de amor carrega esta marca.

Para nós, o modelo básico da triplicidade, a trindade, aparece mais intimamente na família — mãe, pai e filho. Na nossa época, a criança ama seus pais sem ser correspondida. Estes estão de costas, porque ainda continuam olhando para seus próprios pais, à espera do amor que nunca receberam. (Às vezes, vejo a totalidade da humanidade da Kali Yuga * assim enfileirada, caminhando de costas para o futuro.) Estou certa de que minha afeição e apego a meu pai e minha mãe, ambos alunos de Orage e Gurdjieff, contribuíram para minha preocupação, quase obsessiva, com a literatura de Gurdjieff, para meu materialismo espiritual em busca do testemunho da consciência, e para minha procura de um mestre da estatura de Gurdjieff.

Quando, vários anos atrás, Charles Tart pediu-me que contribuísse com um capítulo sobre Gurdjieff, para seu livro *Transpersonal Psychologies*, o momento pareceu-me apropriado a uma revisão daquilo que eu conhecia do Trabalho, para meus próprios objetivos. Na época, eu estava mergulhada num estudo da minha vida, como parte de uma atividade em grupo dirigida por Claudio Naranjo. Estávamos utilizando um sistema de tipologia do ego, muito poderoso, ensinado por Oscar Ichazo, um sistema que destacou, num inegável alto relevo, os contornos da minha feição principal. Parte do sofrimento, que parece inevitável num trabalho deste tipo, deveu-se, no meu caso, à percepção de que o meu funcionamento habitual estava organizado em torno de uma falha central, ou distorção da verdade, que tinha muito a ver com uma compreensão errônea das idéias de Gurdjieff. O demônio — teólogo sutil — estava falando-me ao ouvido na linguagem do Trabalho. Eu precisava compreender onde estava a verdade, e onde ela não estava. Com respeito a isso, a pesquisa que fez parte do capítulo incluído no livro de Tart foi-me de muita utilidade.

O presente volume nasceu desse capítulo, em resposta a vários pedidos para utilização do artigo em aulas de universidades. Como parte da grande coleção de artigos que com-

* Idade das Trevas (N. da T.).

punham o livro *Transpersonal Psychologies*, ele não podia ser facilmente alcançado por aqueles que desejavam, não uma investigação, mas uma introdução aos ensinamentos de Gurdjieff. Vi a necessidade de uma cartilha de Gurdjieff, por assim dizer. Preparar um livro desse tipo parecia ser uma oportunidade para dar ao movimento potencial humano algo simples, relevante e livre da linguagem patriarcal e das digressões anedóticas que coloriram as obras anteriores. Isso também me daria, raciocinei, mais contato com a herança de Gurdjieff, que de algum modo eu precisava metabolizar completamente.

Esta nova recapitulação talvez ainda seja demasiadamente acadêmica. A maior parte do que escrevi foi escrito em anônimos esforços comunitários e destinado a audiências de alunos, e minha forma talvez ainda sofra por causa da rigidez desse estilo. Desejei oferecer ao leitor uma percepção do coração e da vida do Trabalho, melhor do que uma exposição do catecismo de Gurdjieff. Penso que, ao deixar para trás mais de uma década de diligentes grupos Gurdjieff e trabalhosos fins-de-semana Gurdjieff, e oferecendo minha própria interpretação, talvez tenha atingido parcialmente meu objetivo. Se fui bem sucedida na transmissão de algo vivo, isso talvez seja conseqüência dos esforços que meus pais fizeram, desde minha infância, para deixar-me livre; também do contato, que algumas vezes tive, dentro da Fundação Gurdjieff, com muitos mestres, cujos nomes omito por respeito ao desejo que têm de permanecer ocultos; de Claudio Naranjo, que durante quinze anos me inspirou, enriqueceu e atormentou impiedosamente; de David Rosenmann, que corporifica o modelo pelo qual meu coração tanto anseia; de Baba Muktananda, que, em sua compaixão sem limites, insuflou vida em mim; de Sua Santidade Gyalwa Karmapa, que me deu sua bênção; de Tarthang Tulku, Rinppoche, que é um espelho natural; do meu atual mestre do quarto caminho, que revolucionou minha situação, e de meus alunos e pacientes, que me ensinaram sobre a natureza humana e, de algum modo, fizeram de mim seu canal.

Estou encantada com os desenhos do meu amigo Thommy Davis, que foram criados enquanto ele ouvia uma gravação de Gurdjieff improvisando ao harmônio. Gostaria de demonstrar minha gratidão pela colaboração de Day Chapin, que trabalhou no restante dos gráficos, e de Ricia Wise, que datilografou o manuscrito. A produção do livro é um dos excelentes trabalhos de Carlene Schnabel, sem cujos esforços este oitavo poderia não ter sido completado.

KATHLEEN RIORDAN SPEETH
Albany, Califórnia,
agosto de 1976

# SUMÁRIO

# O TRABALHO DE GURDJIEFF

*O homem está dormindo, e precisa morrer antes de acordar?*

Provérbio de Maomé

Se um homem pudesse entender todo o horror das vidas das pessoas comuns, que estão dando voltas num círculo de interesses insignificantes e insignificantes objetivos, se pudesse entender o que é que elas estão perdendo, compreenderia que só pode haver uma coisa importante para ele — escapar da lei geral, ser livre. O que pode ser importante para um homem que está na prisão e foi condenado à morte? Somente uma coisa: Como salvar-se, como escapar; nada mais é importante.

G. I. Gurdjieff

# I

# QUEM ERA GURDJIEFF?

Na maior parte do mundo ocidental você pode encontrar, se procurar com empenho, um grupo de pessoas que estão, como elas dizem, "no trabalho" — isto é, que tentam, juntas e individualmente, atuar de maneira mais consciente e harmoniosa, de conformidade com as idéias e práticas dadas por George Ivanovich Gurdjieff. Os grupos Gurdjieff geralmente evitam publicidade. Não fazem prosélitos. São relativamente invisíveis no mundo, e encontrá-los é tão difícil quanto encontrar um determinado pedacinho de feno num monte de feno; isso porque, enquanto se dedicam ao trabalho interior, seus membros levam vidas comuns. Esse "trabalho" foi desenvolvido com a finalidade de conduzir um ser humano por todo o percurso do caminho que leva até o máximo do seu potencial, isto é, por todo o percurso do caminho que leva à libertação. Foi planejado de modo a abranger muitos aspectos da atuação humana e envolve uma ampla escala de atividades, inclusive o estudo intelectual, a auto-observação, a meditação diária, as danças sagradas, ou "movimentos", os esforços cooperativos e, na maioria dos casos, artes, artesanato ou trabalhos manuais, executados em condições especiais.

O ser extraordinário, o "sábio patife", a quem se deve toda esta atividade, dedicou sua vida à interpretação das grandes tradições religiosas, selecionando de cada uma delas os ensinamentos orais secretos e traduzindo-os em formas que poderiam ser assimiladas pelos pesquisadores ocidentais contemporâneos. Durante sua vida inteira, Gurdjieff foi muito bem sucedido na criação de um nevoeiro em torno de si mesmo, exatamente como Don Juan — outro homem de conhecimento — recomendaria que fizessem todos aqueles que trilham a senda.[1] Ninguém que se encontrou frente a frente com ele, durante os anos em que ensinou, duvidou que fosse uma criatura extraordinária — mas quem era ele? Um avatar, cujos ensinamentos eram independentes e autocomprovados? Ou um mestre que estava em contato com a fonte da sua doutrina, como certa vez ele disse, a um discípulo, que todos os mestres autênticos deveriam estar? Como os budistas, ensinou o homem a ver seu carma, seu sofrimento, sua própria nulidade, e demonstrou o inextricável inter-relacionamento de todas as coisas. Como os hindus, ele deu a esperança do desenvolvimento de níveis de existência mais elevados e de um movimento para mais perto da eternidade, e além de qualquer separação, através de rigorosas técnicas de controle do corpo e da mente. Como os sufis, estava no mundo, mas não pertencia ao mundo, transmitindo seus extraordinários ensinamentos de acordo com as situações, muitas vezes baseado em atividades aparentemente comuns, conforme as necessidades do momento, do lugar e das pessoas. Contudo, embora sua doutrina refletisse as influências de muitas das tradições sagradas do mundo, ele nasceu e morreu como cristão ortodoxo russo. Como Gurdjieff alcançou o conhecimento daquilo que mudou sua própria vida e as vidas de tantos outros? Embora não tornasse as coisas fáceis para os seus futuros biógrafos, foi possível reunir algumas informações, vindas de fontes mais ou menos dignas de confiança, e desses fragmentos e trechos emerge o traçado da sua vida.

## A PESQUISA DE GURDJIEFF

Gurdjieff nasceu por volta de 1870, em Alexandrópolis, na região do Cáucaso que agora é a Rússia, filho de pai grego e mãe armênia. Embora a data de nascimento constante do seu passaporte fosse 28 de novembro de 1877, suas próprias referências sobre sua idade e sobre os eventos da sua vida apontam para uma data anterior, provavelmente ao redor de 1872. Quando ainda menino, sua família mudou-se para Kars, uma cidade próxima, onde ele teve a boa sorte de estudar com o decano da catedral militar russa, que, com o próprio pai de Gurdjieff, teve importante influência no seu desenvolvimento. De acordo com Gurdjieff, estes dois homens foram os principais responsáveis pelo despertar prematuro de uma "...luta irrefreável para compreender claramente a significação exata, e geral, do processo de vida na Terra, de todas as formas exteriores das criaturas viventes e, em particular, do objetivo da vida humana à luz desta interpretação".[2] Para que estamos vivendo? O que há no fim de tudo isto, na morte? Quando jovem, Gurdjieff ficou impressionado com certos acontecimentos inexplicáveis, sobre os quais as pessoas mais velhas só puderam oferecer opiniões vagas. Esteve presente numa sessão de pancadas na mesa, depois da morte da sua irmã menor; na tumba de um santo, viu um paralítico andar novamente; comprovou a misteriosa exatidão das predições de um adivinho; testemunhou uma cura miraculosa que resultou de um conselho médico recebido num sonho; ouviu falar do cadáver de um tártaro que caminhou, depois de morto. Ele próprio tentara arrastar um iezida para fora de um círculo mágico, do qual o homem não podia escapar, só para verificar que a vítima caiu num transe catalético assim que ficou fora do círculo. Fez experiências com hipnose até tornar-se um perito na arte. A ausência de um entendimento exato e completo de tais fenômenos, demonstrada por seus respeitáveis professores e tutores, levou Gurdjieff a sentir um profundo desejo interior de desenvolver um conhecimento claro e pormenorizado de todos os aspectos da existência humana.

Para este fim, preparou-se para uma profissão como médico e sacerdote, estudando, em particular, todo o material disponível sobre neurofisiologia e psicologia; as bibliotecas não continham aquilo que ele estava procurando. Convencido de que em alguma época e em algum lugar haviam existido escolas ou comunidades possuidoras do conhecimento verdadeiro, e que assim sendo este círculo oculto de humanidade ainda poderia existir, fez contato com muitas e variadas sociedades secretas e grupos religiosos, tendo acesso ao chamado "santuário-dos-santuários de quase todas as organizações herméticas, tais como congregações, partidos, uniões, sociedades e etc., religiosas, filosóficas, ocultas, políticas e místicas, inacessíveis ao homem comum, e discutindo e trocando idéias com inúmeras pessoas que, em comparação com outras, são verdadeiras autoridades".[3] Ele viveu numa área cujo solo era particularmente rico no que diz respeito a desenterrar respostas para perguntas eternas, ou pelo menos para desencavar pistas. Estando situada entre os Mares Negro e Cáspio, Kars, e a região que a circunda, é rota migratória natural, onde Europa e Ásia se misturam. Tinha sido invadida e ocupada por muitos povos diferentes, e durante os anos de formação de Gurdjieff aquele foi um lugar de grande fermentação cultural, por causa da interpenetração de tradições de origens cristã, armênia, assíria, islâmica e até mesmo zoroástrica.

Gurdjieff colheu copioso material em sua terra natal, particularmente de fontes monásticas cristãs. Muito mais tarde em sua vida, quando tinha começado a ensinar, perguntaram-lhe a respeito da relação do cristianismo com o sistema de autodesenvolvimento que estava oferecendo aos seus discípulos.

> "Eu não sei o que você sabe sobre *cristianismo*", respondeu G., enfatizando a palavra. "Seria necessário falar muito e falar durante muito e muito tempo para esclarecer o que você entende por essa palavra. Mas, em proveito daqueles que já sabem, eu diria que, se lhe agrada, *isto aqui é cristianismo esotérico.*"[4]

Em Kars podia-se obter considerável conhecimento a respeito da prática e do ritual cristão, e Gurdjieff aparentemente aprendeu muito sobre o simbolismo secular da liturgia e sobre as técnicas de respiração rítmica e prece mental, que ainda faziam parte dos deveres religiosos do monge ortodoxo. Todavia, a despeito da fertilidade da sua terra natal e da tradição religiosa dentro da qual tinha nascido, não estava nem um pouco satisfeito com o progresso do seu entendimento acerca da pergunta básica que apresentara a si mesmo. Saiu, então, em busca de conhecimentos.

No curso de seus esforços para encontrar os remanescentes, os descendentes ou a presença viva de seres humanos que estivessem em contato com a essência eterna e imutável da verdadeira sabedoria, Gurdjieff fez muitas pesquisas resolutas por sua própria conta e, também, juntou-se a um grupo de quinze ou vinte homens e uma mulher, todos empenhados na busca do conhecimento oculto. Deram a si mesmos o nome de "Os Buscadores da Verdade". Realizando expedições importantes e viajando em grupos de dois ou três, ou ocasionalmente sozinhos, examinaram minuciosamente as ruínas de civilizações antigas no Egito, em Creta, na Suméria, na Assíria e na Terra Santa. Visitaram mosteiros e comunidades espirituais, desde o monte Atos até a Etiópia e o Sudão. Através de *tekkias* dos Naqshbandi e de dervixes kadiri, indo até as planícies da Ásia Central, traçaram a linhagem de uma antiga irmandade de homens sábios, os sarmouni. Chegaram até mesmo a percorrer todo o caminho para os vales do Norte da Sibéria, à procura de raízes shamanísticas ou de ramificações do conhecimento que buscavam.

"Havia todos os tipos de especialistas entre nós", contou Gurdjieff, mais tarde, a um dos seus discípulos. "Todos estudavam voltados para este determinado assunto. Depois, quando nos reuníamos, juntávamos tudo o que havíamos descoberto."[5] Gurdjieff era um hipnotizador perito. Estava interessado na natureza da sugestão. Sua principal linha de pesquisa parece ter sido a transformação da energia no corpo humano, os estados de consciência que um ser humano pode ter e a utilização da música, da arte, da postura e do gesto para modificar a consciência. Cultivou um profundo interesse pelas civilizações antigas: a Atlântida, o Egito antigo, as grandes cidades que existiram entre o Tigre e o Eufrates, o berço de civilizações. O período no qual ele viajou representou um grande renascimento arqueológico — Minos, Nínive e Babilônia, e também Tróia, estavam justamente sendo redescobertas. Sentou entre as ruínas recém-escavadas da Babilônia, profundamente absorvido na ligação psíquica com aqueles que conheceram e compreenderam o mundo naquela antiga civilização. Quando estava nos seus vinte anos de idade, o épico de Gilgamesh, que lhe era familiar por causa das lembranças infantis das narrativas de seu pai, foi novamente traduzido quando foi decifrada a escrita cuneiforme, na qual esse épico tinha sido preservado.

O grupo descobriu evidências de que, em certas civilizações antigas, existiram métodos objetivos para composição de melodias que produziam reações emocionais idênticas em todos os ouvintes; edifícios de tal modo construídos que o simples ato de penetrar neles produzia estados de consciência alterados, e danças de tal modo coreografadas que o estado interior do dançarino era determinado com exatidão. Gurdjieff coletou danças. Nelas, ele tinha esperanças de encontrar chaves que conduzissem à explicação do mistério da mente e do corpo humano.

Para ele, as cerimônias e as práticas também tinham importância como indícios.

"Toda a cerimônia ou rito tem um valor se é realizado sem alterações", dizia ele. "Uma cerimônia é um livro no qual muito está escrito. Qualquer um que entende pode lê-lo. Freqüentemente, um ritual tem mais conteúdo do que uma centena de livros." [6]

Não obstante, a influência de ação mais profunda no desenvolvimento de Gurdjieff talvez tenha vindo dos seus contatos com o sufismo, com a sutileza íntima e essencial que há por trás dos rituais do mundo islâmico. Filiou-se a várias Ordens e recebeu treinamento dervixe, sendo que os contatos mais importantes foram feitos no Afeganistão, onde permaneceu por longo período num mosteiro isolado, no Indu Kush. Fez uma peregrinação a Meca e ficou desapontado. "Se vocês querem a verdade, vão a Bokhara", dizia aos seus seguidores. E Bokhara é o lugar de nascimento da Ordem dos Naqshbandi, cujo fundador, Bahaudin Naqshband é citado, nos escritos de Gurdjieff, como o dervixe bokhariano Boggo-Eddin. Quase que certamente, o símbolo central do "trabalho" de Gurdjieff, o eneagrama, é de origem sufi — uma indicação da importância desta doutrina no sistema que Gurdjieff desenvolveu. [7]

Segundo parece, durante suas viagens Gurdjieff muitas vezes se encontrou sem qualquer meio de sustento e teve que ganhar a vida usando sua própria e considerável engenhosidade nativa. Negociou com tapetes, reformou espartilhos, revendeu conservas em salmoura, consertou toda e qualquer coisa mediante um preço, trabalhou como guia de turismo na Cidade Santa e nas pirâmides egípcias, estabeleceu-se como hipnotizador e mágico — em síntese, fez uso dos seus já formidáveis poderes de atenção e sugestão para ganhar o dinheiro que lhe permitiu mover-se, como um cigano, de cidade em cidade. Mais de uma vez suplementou sua engenhosidade nativa com uma dose de charlatanismo. Em deter-

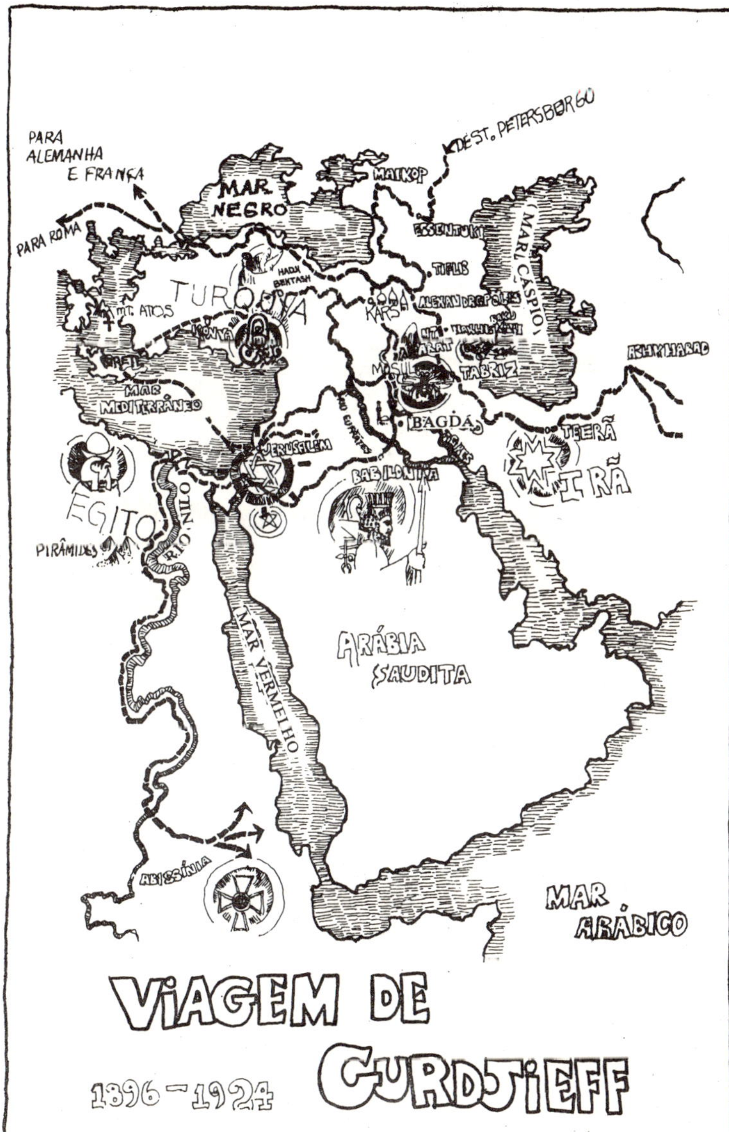
PARA ALEMANHA E FRANÇA
PARA ROMA
MAR NEGRO
MAIKOP
DE ST. PETERSBURGO
ESSENTUKI
MAR CÁSPIO
TIFLIS
HADJI BEKTASH
TURQUIA
MT. ATOS
KONYA
KARS
MOSUL
TABRIZ
CRETA
MAR MEDITERRÂNEO
BAGDÁ
JERUSALÉM
TEERÃ
BABILÔNIA
IRÃ
EGITO
PIRÂMIDES
RIO NILO
MAR VERMELHO
ARÁBIA SAUDITA
ABISSÍNIA
MAR ARÁBICO
VIAGEM DE GURDJIEFF
1896 – 1924

PARA A SIBÉRIA
Rio Dakya do Sul
TASHKENT
DESERTO DE GOBI
SINKIANG
SAMARKAND
YANGI HISSAR
BOKHARA
KERIYA
BALKH
MERV
AFEGANISTÃO
KAFIRISTAN
KASHMIR
TIBETE
HIMALAIAS
GABUL
ÍNDIA
MAR ARÁBICO
BAIA DE BENGALA
Thomray

minada ocasião, aparou as penas de pardais, pintou-os e vendeu-os pelas ruas como "canários americanos" raros, tratando depois de escapulir da cidade, antes que uma chuva inoportuna viesse lavar sua fraude. Estes empreendimentos comerciais tiveram muito sucesso no que diz respeito ao provimento de dinheiro suficiente para sustentar a busca de conhecimentos esotéricos, realizada por Gurdjieff, e é quase certo que também foram uma cobertura para algumas atividades adicionais, como espião e agente político.

Gurdjieff relata: "Durante este período, tive propensão para colocar-me onde quer que houvesse revolução, guerra civil e inquietação social, tanto para compreender, de uma forma mais concentrada, este meu objetivo básico, como para descobrir, de algum modo, algum jeito de acabar com a predileção que faz com que eles (os seres humanos) caiam tão facilmente sob a influência da hipnose em massa." [8] Esta propensão acabou sendo perigosa para Gurdjieff que, de acordo com suas próprias palavras, foi atingido por balas extraviadas em três ocasiões diferentes, sofrendo, em cada uma delas, sérios ferimentos que exigiram uma recuperação demorada. Na primeira ocasião, estava viajando em Creta, em 1896, provavelmente numa missão de que fora encarregado pela Ethniki Etairea, sociedade secreta financiada pelos russos e organizada com o propósito de realizar mudanças políticas naquela parte do mundo. [9] Gurdjieff interessava-se muito pela arqueologia. Na viagem a Creta, o ponto focal da sua atenção provavelmente estava nas ruínas minóicas, que tinham justamente começado a ser desenterradas nas escavações arqueológicas de Sir Arthur Evans, e a Ethniki Etairea, com seu dinheiro russo, foi um meio conveniente para um jovem caucasiano sem dinheiro chegar a Creta.

A utilização de acontecimentos políticos, para favorecer sua própria busca de um círculo secreto de pessoas iluminadas, foi um fio que correu pela vida de Gurdjieff, desde o princípio até o fim. Bennet sugere que as viagens que Gurdjieff fez em busca de conhecimento esotérico, nas quais parece ter atravessado com estranha facilidade um grande número de fronteiras nacionais, foram facilitadas por uma ligação secreta com o governo czarista. Em seu livro *"Gurdjieff"* [10], Louis Pauwels escreve:

"Durante dez anos, Gurdjieff foi o principal agente secreto russo. (Kipling sabia disso.) As autoridades tibetanas deram-lhe importantes cargos nas finanças e o controle do equipamento do exército. Estava capacitado para desempenhar um papel político, pois sabiam que possuía poderes espirituais, e nesse país isso é da maior importância, principalmente entre os sacerdotes de graus hierárquicos mais elevados. Foi tutor do Dalai Lama, com quem escapou quando os ingleses invadiram o Tibete."

Este relato, colhido em fontes muito vagas, é calorosamente contestado por alguns dos seguidores de Gurdjieff, e parece historicamente impossível quando reunimos seus próprios relatos sobre a jornada no Tibete, incluídos no seu último livro, *"Life is Real Only Then, When "I Am"*. O que parece ter acontecido é que o jovem Gurdjieff, cujo objetivo era encontrar uma linhagem de mestres iluminados, e que também, como parte do seu estudo do comportamento humano, acolhia com prazer qualquer oportunidade para observar agitação social e tensão política, foi encarregado, pelo governo russo, de chefiar as atividades de espionagem no Tibete, numa ocasião em que o Dalai Lama pediu, ao Czar, proteção contra as ameaças britânicas e chinesas. Num momento em que a tensão entre o Tibete e os governos do Sul, manobrados pelos ingleses, tornava a fronteira da Índia virtualmente intransponível, Gurdjieff entrou no Tibete via noroeste. Provavelmente, para poder entrar em mosteiros que de outro modo poderiam ter sido inacessíveis, ele fez uso liberal da semelhança do seu nome com o nome do Lama Dorchieff, tutor do Dalai Lama.

Gurdjieff procurava encontrar um círculo secreto de pessoas iluminadas; nos Lamas Rinpoche reencarnados, a tradição tibetana tinha um ciclo esotérico permanente. É possível que tenha conseguido fazer uma ligação frutífera com a linhagem, pois muito mais tarde em sua vida, o então já velho Gurdjieff contou como costumava usar túnicas vermelhas (como na tradição tibetana — outros monges budistas usam túnicas amarelo-ocre), com o ombro esquerdo a descoberto, em companhia de muitos outros trajados da mesma maneira.

Interessava-se pela dança e pelos movimentos rituais. Com seu conhecimento passável da língua tibetana, deve ter podido aprender alguma coisa a respeito da significação oculta de certas danças sagradas; e atribuiu muitas das danças, executadas por seus pupilos, décadas mais tarde, em demonstrações na Europa e na América, a fontes situadas no mundo islâmico — mas poucas às fontes situadas dentro do Tibete. Parece ter estudado a teoria e a prática do budismo e ter recebido iniciação e instrução em alguns aspectos da energia concentrada, pois uma vez ele próprio contou que, durante o período tibetano, "com apenas algumas poucas horas de preparação eu podia matar um iaque desde uma distância de dezenas de milhas; ou podia acumular, em vinte e quatro horas, forças vitais de tal modo compactas que podia pôr um elefante a dormir em cinco minutos." [11]

Não se sabe ao certo por quanto tempo Gurdjieff prosseguiu em suas pesquisas (e espionagem) no Tibete, porquanto a única informação que temos é que este período foi abruptamente finalizado por um outro acidente. Em um lugar qualquer do Tibete, foi quase fatalmente atingido por uma bala extraviada. Seus companheiros conseguiram levá-lo para Yanghissar, na Província de Sinkiang, para que se recuperasse. Ali passou vários meses inconsciente, tendo sido tratado e trazido de volta para a saúde por cinco médicos, três europeus e dois tibetanos. Durante esse período, os ingleses invadiram o Tibete, e o Dalai Lama fugiu para a China, de onde depois fugiu dos chineses para entrar em negociações com os ingleses, na Índia, só retomando o controle do seu país em 1912.

O terceiro acidente quase fatal, mais uma vez causado por uma bala extraviada, aconteceu em 1904, na região do Tubel Chiatur, nas Montanhas Caucasianas, durante uma época de disrupção civil, na qual ele estava, muito provavelmente, envolvido em atos de espionagem e atividades revolucionárias. Deste ferimento de bala recuperou-se lentamente, em várias cavernas, tendo feito uma tortuosa viagem de volta a Yanghissar, para lá convalescer. Durante a convalescença, fez uma dolorosa reavaliação dos frutos dos seus estudos; desenvolvera enormes poderes; todavia, sua mente e seu coração estavam cheios de associações que corriam em direção oposta aos ideais da sua consciência, e cheios de paixões que exigiam satisfação. Sentiu a necessidade de uma atenção permanente, que podia ser sustentada na vida cotidiana e com a qual teria possibilidade de fazer contato com os outros. Todavia, estava sempre esquecendo. Fatores que podiam servir para lembrá-lo não o ajudavam por muito tempo. De repente, foi fulminado por uma percepção, uma analogia universal:

> Eu sou um homem, e como tal — em contraste com todas as outras formas de vida animal — fui criado por Ele segundo a Sua imagem!!!
>
> Pois ele é Deus, e conseqüentemente eu também tenho, dentro de mim, todas as possibilidades e impossibilidades que Ele tem.
>
> A diferença entre Ele e mim deve ser apenas uma questão de escala.
>
> Pois Ele é Deus de todas as presenças existentes no universo! Segue-se que eu também tenho que ser Deus de algum tipo de presença, na minha escala.[12]

Contudo, raciocinou ele, Deus afastara de Si um dos Seus, repudiara-o numa condição de arrogância e dera-lhe uma força igual e oposta à Sua. Como podia ser isso? O mesmo princípio poderia ser utilizado no microcosmo? — refletiu Gurdjieff. Então, ele soube:

> Pensando e pensando, cheguei à conclusão que se parasse, deliberadamente, de utilizar os poderes excepcionais que possuía e que tinham sido desenvolvidos conscientemente, por mim, na minha vida comum com as pessoas, então essa fonte relembrativa devia ser forçada a sair de mim.
>
> Isto é, o poder baseado na força que há na área do *handbledzoin*, ou, como isso viria a ser chamado por outros, o poder da telepatia e do hipnotismo.
>
> Graças principalmente a esta inerência, desenvolvida em mim por mim mesmo, eu, no processo da vida em geral, fui corrompido e depravado até o âmago, especialmente durante os últimos dois anos, de modo que muito provavelmente isto permaneceria por toda a minha vida.

E sendo assim, se eu me privasse, conscientemente, desta graça da minha inerência, então, sem dúvida, esta ausência seria sentida, sempre e em todas as coisas.

Faço o juramento de lembrar-me de nunca fazer uso desta minha inerência, privando-me assim de satisfazer a maioria dos meus vícios. No processo de viver junto com outros, esta querida inerência minha sempre será um lembrete para mim.

Com este juramento, pelo qual excluía, especificamente, o uso dos seus poderes a serviço da pesquisa, Gurdjieff sentiu-se "como que reencarnado". Nessa ocasião ele poderá ter dado início à sua missão de trazer ao Mundo Ocidental o seu conhecimento do "horror da situação" e da possibilidade de um caminho de saída.

## O PERÍODO RUSSO

Sua entrada no Ocidente foi pela Rússia. Deve ter passado algum tempo na corte do Czar Nicolau II, fascinado pelo oculto, pois numa época qualquer, durante sua permanência na Rússia, casou-se com uma senhora pertencente à corte, a Condessa Ostrofska.

Depois disso, o próximo momento em que se tem certeza das andanças de Gurdjieff é no ano de 1915, quando estava ensinando grupos em São Petersburgo e em Moscou. Ali encontrou, ou foi encontrado, por Peter Ouspensky, o homem que viria a ser o Platão para o seu Sócrates, como escreveu Colin Wilson em *The Outsider.*[14] O próprio Ouspensky acabava de voltar de viagens em busca do verdadeiro conhecimento esotérico, e foi dominado pelo espanto quando descobriu que aquilo que andara procurando estava em sua terra natal; precisamente, na sua cidade natal. Em seu livro *In Search of the Miraculous*, ele descreve, da seguinte maneira, o primeiro encontro de ambos:

> Lembro-me muito bem deste encontro. Chegamos a um pequeno café situado numa rua que, embora não fosse central, era barulhenta. Vi um homem de tipo oriental, já não mais um jovem, com um bigode negro e olhos penetrantes, que me causou espanto, porque pa-

A. R. Orage

foto: Louis Andrieux

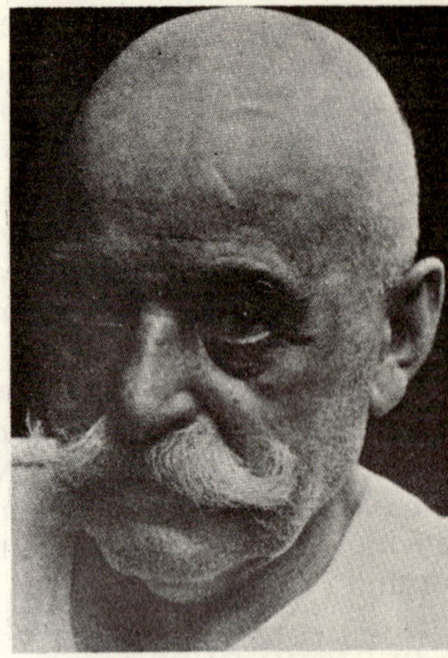

Gurdjieff

recia estar disfarçado e em completo desacordo com o local e o ambiente. Eu ainda estava cheio de impressões do Oriente. E este homem, com o rosto de um rajá indiano ou de um xeque árabe, que certa vez eu tivera a impressão de ver usando um albornoz branco ou um turbante dourado, sentado ali nesse pequeno café, onde pequenos comerciantes e vendedores se reuniam, metido num sobretudo preto com gola de veludo e usando um chapéu-coco, produziu a estranha, inesperada e quase alarmante impressão de um homem mal disfarçado, cuja visão embaraça você, porque você vê que ele não é aquilo que simula ser, mas assim mesmo você tem que falar e comportar-se como se não percebesse tal coisa. Falava russo incorretamente, com um forte sotaque caucasiano; e este sotaque, com o qual estamos acostumados a associar qualquer coisa, menos idéias filosóficas, fortaleceu ainda mais a estranheza e o imprevisto da impressão.[15]

Ouspensky ficou impressionado. Gurdjieff, ainda parecendo um forasteiro para a mente russa ocidentalizada, estava apresentando idéias de uma forma que ecoava como verdade, que lançava uma nova luz sobre questões fundamentais acerca do homem em relação ao universo, de níveis de consciência, da condição humana, de mortalidade e imortalidade, e da possibilidade de auto-realização — e ele estava estimulando e até mesmo insistindo numa averiguação pessoal. Portanto, Ouspensky juntou-se a um grupo de seguidores de Gurdjieff, que se reuniam secretamente em Moscou, e trabalhou com eles até que o grupo se dispersou sob a ameaça da revolução.

Conforme Olga de Hartmann, uma das suas discípulas russas mais antigas, descreve este período: "Em 1917, a Rússia foi dilacerada pela guerra e pela revolução. O senhor Gurdjieff era uma pessoa desconhecida, um mistério. Ninguém conhecia sua doutrina, ninguém conhecia sua origem ou por que tinha aparecido em Moscou e em São Petersburgo. Mas todos os que entravam em contato com ele desejavam segui-lo, e foi isso que eu fiz e que Thomas Hartmann fez." [16] Assim, os Hartmann, Peter Ouspensky e sua esposa, e numerosos outros discípulos, fugiram da Rússia numa tortuosa viagem a pé sobre as montanhas, rumando para Essentuki, no Cáucaso, e depois, quando a vida ali tornou-se impossível, para Tíflis. Aqui, outros discípulos juntaram-se a Gurdjieff, inclusive Alexander e Jeanne de Salzmann, vindos de Paris,

J. G. Bennet e esposa (tirada pouco antes da sua morte, em dezembro de 1974.)

e juntos deram início a um novo grupo que continuou a trabalhar sob a orientação dele. Em questão de meses, porém, os efeitos da revolução foram sentidos em Tíflis, e Gurdjieff levou seus seguidores para Constantinopla, depois para Berlim e, finalmente, após anos de provação e de uma vida de refugiados, para Paris. Aqui Gurdjieff decidiu fixar-se e em um ano reuniu o dinheiro necessário para comprar o castelo de Avon, perto de Fontainebleau, onde fundou o Instituto de Desenvolvimento Harmonioso do Homem.

## GURDJIEFF NA EUROPA

A década de 1922 a 1933 foi ocupada com intenso trabalho com discípulos, no Instituto, sendo esta uma época durante a qual Gurdjieff experimentou e revisou um sistema de estudo, auto-observação, trabalho físico e exercício, cujo alvo era a reconciliação e união das três funções humanas básicas, de pensamento, sentimento e atividade física. Muitos discípulos vieram morar no Instituto, inclusive personalidades notáveis, como Katherine Mansfield (que lá morreu), A. R. Orage, Maurice Nicoll e os Salzmann. Gurdjieff, porém, não fazia distinções na base da eminência, e qualquer um que viesse estudar com ele podia ter certeza de que seria solicitado a fazer esforços intensos e consistentes, e de que também estaria sujeito ao estilo particular de trabalho sobre o ego, realizado por Gurdjieff, um trabalho que envolvia atritos interpessoais planejados e desculpas públicas, quando não o ridículo de atitudes mal-educadas. Cada momento no "Prieure" — esse era o nome do castelo — era visto como uma oportunidade para desenvolver a autopercepção e harmonizar as atitudes pessoais — desde o trabalho nos jardins até os serviços de construção, cozinha e limpeza, e também no ensino mais formal. Os horários das refeições pareciam particularmente apropriados para as palestras e os ensinamentos de Gurdjieff, que amiúde encerrava um jantar com saudações a membros específicos do grupo, brindando-os como vários tipos de idiotas — idiotas redondos, idiotas quadrados, idiotas compassivos, e dezenove outras variedades. Estas celebrações das características da personalidade individual faziam parte do esforço empreendido por Gurdjieff, que atacava de muitas frentes simultaneamente, para anular e desintoxicar padrões de condicionamento, a fim de que assim a natureza essencial do estudante começasse a aparecer.

Este período de intenso trabalho incluiu exibições e conferências na Europa e na América. Foi marcado por um acidente grave, que ocorreu em 1925, logo depois que Gurdjieff retornou da sua primeira visita à América, e quando viajava sozinho num pequeno Citroen. Foi um acidente do qual os médicos ficaram pasmados quando o viram recuperar-se. Enquanto ainda convalescia, começou a voltar sua atenção para o trabalho de escrever, e eventualmente completou suas três obras mais importantes: um conjunto de dez livros, divididos em três séries. Destes, a primeira série, *All and Everything,*[17] e a segunda série, *Meetings with Remarkable Men*[18], podem ser encontradas. A terceira obra, *Life is Real Only Then, Wen "I Am"*, foi publicada particularmente, de forma fragmentada, por aqueles ativamente empenhados no "trabalho" de Gurdjieff.

Esses livros merecem e, de fato, precisam de uma introdução. De acordo com Gurdjieff,[20] foram escritos para solucionar os seguintes problemas, com os quais a humanidade se defronta:

> *Primeira Série:* Para destruir, impiedosamente, sem qualquer concessão, tudo o que possa haver no processo de pensamentos e nos sentimentos do leitor, todas as crenças e opiniões, há séculos nele enraizadas, a respeito de tudo o que existe no mundo.
>
> *Segunda Série:* Para dar ao leitor o conhecimento do material necessário para uma nova criação, e para provar a correção e a boa qualidade deste material.
>
> *Terceira Série:* Para auxiliar o surgimento, no processo de pensamento e nos sentimentos do leitor, de uma representação verdadeira e livre de fantasias, não daquele mundo ilusório que agora ele percebe, mas do mundo que existe na realidade.

A primeira série trata da humanidade "com três cérebros" — existente no planeta Terra, conforme Belzebu descreve para seu neto Hassein, enquanto ambos viajam na nave espacial Karnak. Belzebu conta o que viu e aprendeu sobre a humanidade durante suas seis visitas a este infeliz planeta, como os habitantes atuam e como poderiam atuar, o que as forças cósmicas têm feito para oferecer auxílio e como a situação continuou a piorar. Este trabalho, a obra máxima da vida de Gurdjieff, é um comentário enciclopédico sobre as questões mais prementes, com as quais todos os indivíduos se defrontam. Sua leitura é difícil, em parte porque, no seu desejo de evitar palavras que tivessem conotações incorretas e associações passadas (ou talvez para obrigar o leitor a fazer um esforço adicional), Gurdjieff preferiu introduzir um vocabulário novo, incluindo palavras tais como *Heptaparaparshinokh* (traduzido, mais ou menos, como "septuplicidade"), *Handbledzoin* ("aquela substância que surge na presença de um homem comum, originada por todos os esforços intencionalmente feitos para existir), e até mesmo *Tescooano* (telescópio). A leitura séria deste livro é virtualmente garantida pelo uso deste vocabulário novo e desconhecido. Os estudiosos da obra serão auxiliados por uma concordância recentemente preparada por um grupo Gurdjieff. [21]

A segunda série parece ser facilmente compreensível e é tão agradável quanto uma boa estória de aventuras. Parece contar a estória dos primeiros anos da vida de Gurdjieff, seus primeiros tutores e os indivíduos extraordinários que encontrou em suas viagens, em busca do conhecimento esotérico, mas na realidade a obra inclui uma boa quantidade de material de ensino e de alegorias.

A terceira série é muito mais direta do que as duas que a antecederam. Contém um relatório do desenvolvimento pessoal de Gurdjieff e descreve práticas específicas para expansão da atenção e da percepção do eu; desse modo, assim como as tradições orais de qualquer tecnologia espiritual, ele se destina àqueles que deixaram para trás a curiosidade ociosa.

Em adição a estas obras, Gurdjieff escreveu e distribuiu uma outra, um livro menor, *The Herald of de Coming Good* [22], no qual apresentou as idéias nas quais o seu Trabalho está apoiado, descreveu o Instituto de Desenvolvimento Harmonioso do Homem e anunciou a publicação próxima da primeira e da segunda séries. Este livro foi o único publicado durante a sua vida.

## OS ANOS FINAIS

Os anos entre 1933 e 1949, quando ele morreu em Paris, marcaram uma nova fase nas atividades de Gurdjieff; uma fase na qual ele fechou o *Prieure* e viajou muito, iniciando novos grupos em várias cidades americanas. Na ocasião da sua morte, talvez contasse com várias centenas de discípulos, principalmente em Nova York e Paris. Ouspensky rompera bruscamente com ele e morrera antes dele, deixando, em Londres, um grupo de estudantes empenhados na sua (de Ouspensky) versão do Trabalho. Os livros de Gurdjieff eram praticamente desconhecidos, e sua influência sobre o pensamento e a cultura da Europa, à parte as impressões profundas que deixara em seus discípulos, era virtualmente nula.

Agora, porém, os estudiosos da sua doutrina elevam-se a milhares. O dia do seu nome é ritualmente celebrado a 13 de janeiro, com festividades, música e danças sagradas. O aniversário da sua morte, 29 de outubro, é reverenciado com cultos, *in memoriam,* do ritual ortodoxo russo. As idéias que Gurdjieff ofereceu ao mundo ocidental continuam a ter um som de verdade. O crescimento da sua influência pode ter sido motivado, pelo menos até certo ponto, pelo atual ressurgimento do interesse pela auto-realização, que tem levado aqueles que sofrem daquilo que Jung chamou de "neurose santa" a procurar orientação espiritual, onde quer que ela esteja autenticamente presente. Isso, porém, em parte pode ter sido causado pelo sucesso alcançado por Gurdjieff, pelo menos num grau considerável, no esforço que fez para traduzir métodos e idéias, relacionadas com o desenvolvimento do homem, em termos especificamente evocativos para os ocidentais contemporâneos. Quer ele fosse "o primeiro emissário enviado ao Ocidente", vindo de uma grande escola doutrinária do Oriente Médio, conforme foi chamado por alguns, que estivesse trabalhando sob seus próprios auspícios, seus esforços merecem a consideração dos pesquisadores da verdade, da era pós-industrial, que, cansados daquilo que o mundo material, o mundo dos negócios e até mesmo o mundo da erudição podem oferecer, voltam-se para o seu íntimo a fim de procurar a realidade.

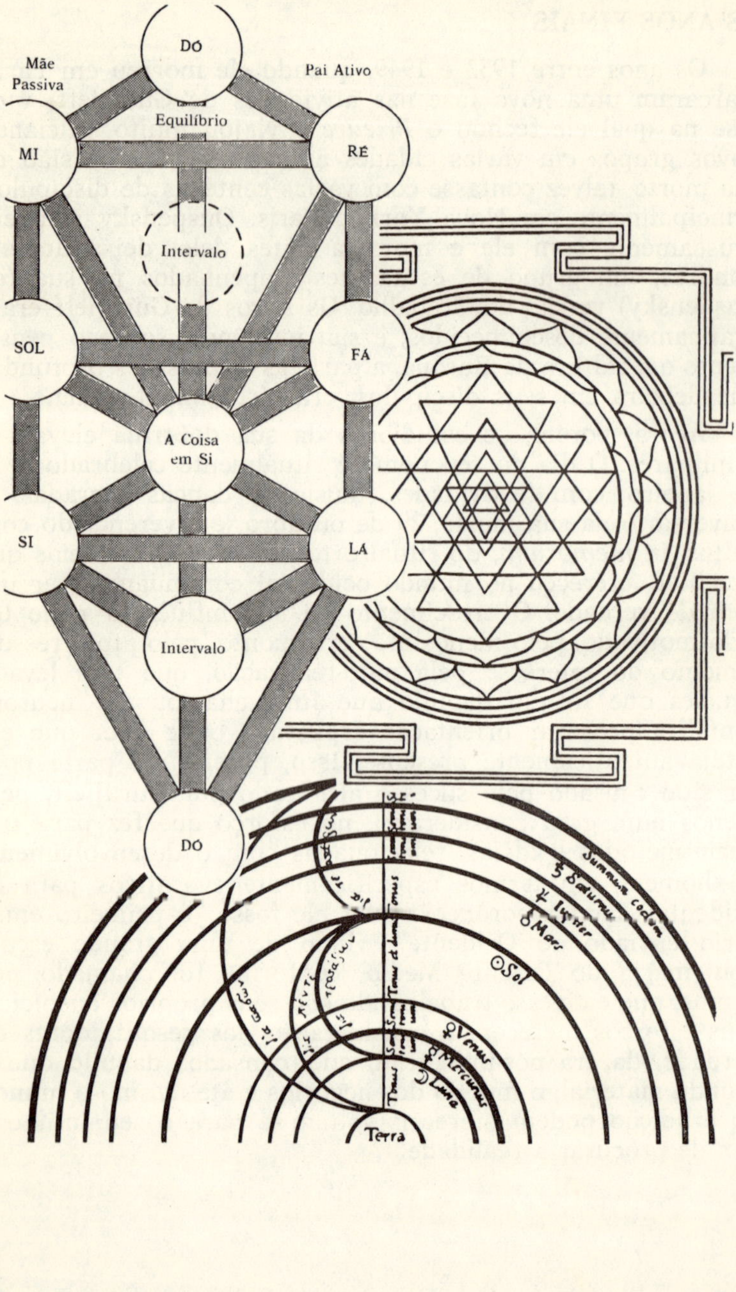
DÓ
Mãe Passiva
Pai Ativo
Equilíbrio
MI
RÉ
Intervalo
SOL
FÁ
A Coisa em Si
SI
LÁ
Intervalo
DÓ
Summum coelum
Saturnus
Jupiter
Mars
Sol
Venus
Mercurius
Luna
Terra

## II

## A BASE FILOSÓFICA DO SISTEMA DE GURDJIEFF

Do ponto de vista da evolução que nos é permitida, segundo Gurdjieff, vivemos num lugar que tem uma posição muito inferior no universo. Por causa da extrema densidade das leis mecânicas que operam em nosso planeta, a auto-realização oferece dificuldades quase máximas, de modo que, embora os seres humanos sejam distinguidos, por assim dizer, com o potencial para elevar o nível do seu ser, é muito tênue a probabilidade que tem qualquer indivíduo em particular de ser bem sucedido nessa realização. Por causa dos fatores que operam contra todos nós, o indivíduo pode ter certeza de que o seu desenvolvimento interior não será fácil; ao contrário, exigirá grande compreensão e trabalho hábil, e este trabalho só pode ter início quando percebemos a verdade acerca da condição humana. Platão comparou o ser humano a alguém fascinado pelas sombras que estão dançando nas paredes do fundo de uma caverna; um alguém, tão absorvido naquilo, que não dá atenção ao mundo que está atrás de si. Gurdjieff compara o estado humano "normal" àquele de um prisioneiro.

> Você não percebe sua própria situação. Você está numa prisão. Se você é um homem sensível, tudo o que pode desejar é fugir. Mas, como poderá fugir? É preciso cavar um túnel sob uma parede. Um homem sozinho não poderá fazer nada. Mas vamos supor que haja dez ou vinte homens — se eles trabalham em turnos e um encobre o outro, podem completar o túnel e fugir.

> Mais ainda, ninguém pode escapar da prisão sem a ajuda daqueles *que escaparam antes*. Somente estes podem dizer qual meio de fuga é possível, ou podem mandar ferramentas, limas, ou o que quer que possa ser preciso. Mas, *um* prisioneiro sozinho não pode encontrar essas pessoas ou entrar em contato com elas. É preciso uma organização. Nada pode ser conseguido sem uma organização. [1]

Sendo assim, a libertação depende, primeiro, da percepção da verdade acerca da nossa condição. Quando esta compreensão tiver atingido o alvo, para fazer alguma coisa a respeito não basta ser muito inteligente ou estar intensamente motivado; instruções precisas, mapas e conhecimento, se fazem necessários àqueles que já se libertaram, e estas "ferramentas" devem ser usadas cooperativamente.

Um dos obstáculos que se opõem àqueles que procuram libertar-se, vem de que a existência da humanidade, neste planeta, tem um propósito definido, e esse propósito não seria atendido se mais de uma certa porcentagem de pessoas atingisse níveis de existência extraordinários. De fato, o fluxo de substâncias, que vem dos níveis mais elevados para o nível mais inferior, seria gravemente rompido se o nível geral de consciência, da humanidade, tivesse que mudar. A biosfera serve como um transformador de energia, que ocupa um lugar crítico num universo que se expande ininterruptamente, servindo como ponte sobre o abismo existente entre o Sol, o sistema solar e a nossa própria Lua.

A fim de compreender este fato relativo à situação humana, devemos olhar para o nosso lugar no cosmos, que é concebido por Gurdjieff como emanações ordenadas, provenientes de um centro criativo, num sistema que faz lembrar fortemente Plotino e Ibn al-Arabi. Ao autor do primeiro movimento, ou origem, chamaremos de Absoluto. Do Absoluto dimana um número imenso, talvez um número infinito, de *Raios de Criação*. Observando um destes (aquele que mais nos interessa, isto é, o nosso), vemos que do Absoluto emanaram todos os sistemas possíveis, ou mundos, e de todos os mundos vieram todos os sóis, o nosso Sol, os planetas do nosso sistema solar, o nosso planeta, a Terra, e, finalmente, a Lua. Estes degraus, existentes no Raio de Criação, diferem no número de leis sob as quais operam. No nível do Absoluto há apenas uma lei, a unidade da vontade de criação; no mundo seguinte, há três ordens de leis; no outro, seis; no seguinte, doze. Na nossa Terra há quarenta e oito ordens de leis sob as quais temos que viver. O único lugar, no Raio de Criação, onde seria extremamente difícil lutar pela libertação, seria a Lua, que é governada por noventa e seis ordens de leis.

## O RAIO DE CRIAÇÃO

| | | |
|---|---|---|
| Absoluto | (1) | |
| Mundo 3, sob 3 leis | (3) | Todos os sistemas de Mundos possíveis |
| Mundo 6, sob 6 leis | (6) | A Via Láctea |
| Mundo 12, sob 12 leis | (12) | O Sol |
| Mundo 24, sob 24 leis | (24) | Os Planetas como uma massa única |
| Mundo 48, sob 48 leis | (48) | A Terra |
| Mundo 96, sob 96 leis | (96) | A Lua |

A vontade do Absoluto é manifestada somente no nível de todos os mundos criados diretamente por ela. O plano, ou modelo, criado naquele nível prossegue mecanicamente, nível após nível, até que alcança o ponto final do Raio de Criação, que no nosso caso é a Lua. Porque vivemos sob 48 leis, estamos muito distantes da vontade do Absoluto. Se pudéssemos libertar-nos da metade destas leis, estaríamos um passo mais próximos, e se pudéssemos livrar-nos da metade *dessas* leis estaríamos ainda mais um passo mais perto, e se pudéssemos reduzir o número de leis, sob as quais vivemos, para apenas doze, estaríamos ainda mais próximos. O movimento em direção ao Absoluto, estágio por estágio, por meio da nossa própria libertação das leis mecânicas que nos constrangem, é o caminho da auto-realização.

Tudo no universo pode ser pesado e medido, embora a matéria de que são feitas todas as coisas exista em diferentes graus de densidade. Os sete degraus do Raio de Criação poderão ser imaginados como sete níveis ou ordens de materialidade, cada um diferindo na velocidade da sua vibração. O Absoluto é o que vibra mais rapidamente e é o que tem menor densidade, e os níveis abaixo dele tornam-se mais densos e têm uma velocidade vibratória mais lenta, até chegar à Lua, o lugar mais lento e mais denso que há no nosso raio. Destas ordens de matéria, as mais finas permeiam as mais densas e inferiores. Assim, tudo o que nos rodeia e que nos é familiar está, de fato, permeado por todos os níveis de matéria existentes, inclusive o Absoluto.

> Para descobrir a matéria do mundo solar não é preciso estudar ou investigar o sol; esta matéria existe em nós mesmos e é o resultado da divisão dos nossos átomos. Da mema forma, temos em nós a matéria de todos os outros mundos. O homem é, no sentido pleno da palavra, um "universo em miniatura"; nele estão presentes todas as matérias que compõem o universo; as mesmas forças, as mesmas leis que governam a vida no universo, operam nele; conseqüentemente, ao estudar o homem nós podemos estudar o mundo inteiro, assim como ao estudar o mundo podemos estudar o homem. [2]

Destas leis universais, aquela que talvez seja a mais fundamental, uma vez que se aplica a todo e qualquer acontecimento ocorrido em qualquer lugar, é chamada, por Gurdjieff, de Lei do Três. Esta lei enuncia que toda a manifestação é o resultado de três forças, que podem ser chamadas ativa, passiva e neutralizadora, ou Sagrada Afirmativa, Sagrada Negativa e Sagrada Neutralizadora, ou, mais simplesmente, primeira força, segunda força e terceira força. Tais forças, como os *gunas* do Vedanta, estão presentes em toda a parte, até mesmo no primeiro degrau do Raio de Criação, onde estão unificadas, conforme são representadas em muitas das religiões do mundo, como Brama, Vishnu e Siva; Pai, Filho e Espírito Santo, e outras trindades.

> Na verdade, toda a ação é realizada pelos *gunas*. Iludido por seu egoísmo, o homem pensa: "Eu sou o realizador." Mas aquele que tem verdadeira percepção das

operações dos *gunas* e de suas várias funções, sabe que, quando os sentidos se ligam a coisas, *gunas* estão simplesmente ligando-se a *gunas*. [3]

A criação depende da associação destas três forças; nada pode acontecer, a menos que todas as três estejam presentes. Sem a força neutralizadora, as forças ativa e passiva ficam em inútil oposição e nada de novo pode emergir; quando, porém, esta terceira força está presente, as forças ativa e passiva podem juntar-se e produzir resultados. Em nosso atual estado de consciência, somos cegos para a terceira força; para ver mais do que dualidade nas coisas é necessário um nível de percepção muito mais elevado do que o estado normal. Mas, na ciência há alguns exemplos que podem ser apontados facilmente, com o propósito de ilustração, tais como a ação dos catalisadores na química.

Quando as três forças se encontram e há um ato de criação, uma corrente de manifestações poderá desenvolver-se, na qual a terceira força num acontecimento torna-se força ativa no acontecimento seguinte — pois as três forças trocam de manifestação, uma com respeito à outra, conforme seguem por aí tecendo ou trançando o fio das ocorrências. Agora, começa a operar a segunda lei fundamental, a Lei do Sete.

A Lei do Sete governa sucessões de acontecimentos. Ela especifica que, sempre que qualquer manifestação se desenrola, seu movimento não tem forma linear. Há uma descontinuidade ordenada em toda a progressão de coisas, em todas as séries. Esta descontinuidade lícita está preservada na nossa escala musical que, conforme a execução em ordem ascendente ou descendente de qualquer escala poderá demonstrar, compõe-se

A REPRESENTAÇÃO MUSICAL DA LEI DA OITAVA [5]

de intervalos desiguais. Dó, ré e mi estão a uma distância igual um do outro, mas entre mi e fá há um intervalo de meio-tom, em vez de um intervalo inteiro. Prosseguindo escala acima, temos sol, lá e si (ti, em algumas regiões), separados por intervalos inteiros, mas si e dó, novamente, têm entre si um intervalo de meio-tom.

## A LEI DO TRÊS: EXEMPLOS [4]

| | PRIMEIRA FORÇA (*positiva*) | SEGUNDA FORÇA (*negativa*) | TERCEIRA FORÇA (*neutralizadora*) | FENÔMENO TOTAL |
|---|---|---|---|---|
| Física | núcleo (nêutrons, etc.) | elétrons | campo eletromagnético | átomo |
| Engenharia | arquitetura decisão e planejamento | trabalho de construção | localização geográfica | cidade |
| Lei | querelante | querelado | juiz | solução da disputa |
| Biologia | energias termodinâmicas | entidades químicas | campo orgânico eletrodinâmico | organismo biológico |
| Psicologia | conteúdo experiencial (p. ex., a cor azul, raiva, introspecção) | funcionamento neurológico (processos sensorial, basal, ganglionar e cérebro-integrativo) | entidade consciente (cuja mediação transformadora é a consciência ou percepção pura) | ser humano |

REPRESENTAÇÃO MUSICAL
DA LEI DA OITAVA

O RAIO DE CRIAÇÃO COMO UMA OITAVA

| | | | |
|---|---|---|---|
| Nível do Absoluto | ① | Dó | |
| | | | CHOQUE |
| Nível de Todos os Sistemas de Mundos Possíveis | ③ | Si | |
| Nível da Nossa Via Láctea | ⑥ | Lá | |
| Nível do Nosso Sol | ⑫ | Sol | |
| Nível dos Planetas | ㉔ | Fá | |
| | | | CHOQUE |
| Nível da Nossa Terra | ㊽ | Mi | |
| Nível da Nossa Lua | (96) | Ré | |

A LEI DO SETE NA VIDA COTIDIANA. A OITAVA NA REALIZAÇÃO DESTE LIVRO

| | | |
|---|---|---|
| | Dó | Idéia do livro |
| Choque | □ | |
| [Decisão de Prosseguir] | Si | Todas as formas de livro possíveis |
| | Lá | Tipo particular de livro |
| | Sol | Características e requisitos específicos |
| | Fá | Plano pormenorizado |
| Choque | □ | |
| [material e habilidade] | Mi | Preparação do Manuscrito |
| | Ré | Impressão e Publicação |
| | Dó | O livro Publicado |

A Lei do Sete explica por que quando alguma coisa tem início, não continua e continua *ad infinitum*; por que uma tempestade amaina ou um ressentimento finalmente perde seu veneno. E a Lei do Sete está por trás do fato de que não há linhas retas na natureza. Ela também está representada no Raio de Criação.

Se retraçamos o Raio de Criação, de modo a apresentá-lo como uma oitava descendente, partindo do nível do Absoluto e descendo até o nível da Lua, aparecem as descontinuidades que existem entre o Absoluto e o nível de todos os mundos, e entre todos os planetas e a Terra. A primeira destas brechas, ou descontinuidades, é ligada pela força de criação engendrada pelo próprio Absoluto. A segunda exige a nossa biosfera; a película fina e sensível, de vida orgânica, que existe na terra, age como um transmissor de energia entre o nível planetário do Raio de Criação e o nosso próprio planeta e sua lua satélite, a parte mais inferior do raio.

A Lei do Sete também pode ser chamada de Lei do Choque, pois se uma energia ou força adicional introduz um processo entre mi e fá, este prosseguirá no seu curso até o intervalo si-dó, e se neste ponto é dado outro choque, ou influxo de energia, o processo continua até sua conclusão no dó. No Reino da Criação, esta energia é gerada pela humanidade e por outras coisas viventes. Neste sentido, nós existimos para servir a natureza, e não é do interesse da natureza que a humanidade seja qualquer coisa mais do que um transmissor de energia envolvendo o planeta. Numa outra perspectiva, a humanidade é criada incompleta e tem a possibilidade de evoluir até o nível do Sol — Mundo 12 — ou mesmo mais além, e em todo o ser humano há forças lutando para completar uma oitava ascendente, forças que se extraviam pela falta de energias adicionais específicas, habilmente aplicadas.

Segundo Gurdjieff, os relacionamentos da oitava, na Lei do Sete, existem em todos os processos. Percebê-los é uma questão de organizar o assunto, seja ele qual for, para que possa ser convenientemente estudado ou para que a métrica correta possa ser descoberta. Na química há um exemplo muito claro na tabela periódica de elementos, na qual pode-se ver que as características essenciais dos elementos parecem repetir-se, a cada oitavo elemento, quando eles estão organizados segundo o peso atômico. Todavia, é desnecessário pesquisar muito longe em busca de exemplos de relacionamento da oitava, uma vez que estão presentes em cada projeto que empreendemos, desde cozinhar uma refeição até construir uma casa.

A união da Lei do Três e da Lei do Sete é representada num diagrama, muito parecido com a Árvore da Vida cabalística, que ocupa uma posição central na doutrina de Gurdjieff — o eneagrama. O eneagrama é um círculo dividido em nove partes iguais. Numerando os pontos e caminhando ao redor da circunferência, no sentido dos ponteiros do relógio, podemos então formar um triângulo por meio da ligação dos pontos 9, 6 e 3. Esse triângulo representa a trindade, ou Lei do Três. Se pensamos no todo da criação como uma manifestação que procura ser reabsorvida na unidade do Absoluto, podemos ver como o três se perpetua; três tenta voltar para o Um. Em termos matemáticos, isso é 3 por 1, 1 ÷ 3, que produz uma série sempre repetida, 333333... Os outros pontos ao redor do círculo são ligados de um modo que reflete a tendência da manifestação, de acordo com a Lei do Sete, para retornar à unidade; 7 por 1, 1 ÷ 7 : 142857142857142, etc., uma série repetida de seis dígitos, que não contém nenhum múltiplo de três. Assim, as duas grandes leis estão representadas num único diagrama simétrico, de uma forma que reflete sua complementação e correlacionamento.

O ENEAGRAMA

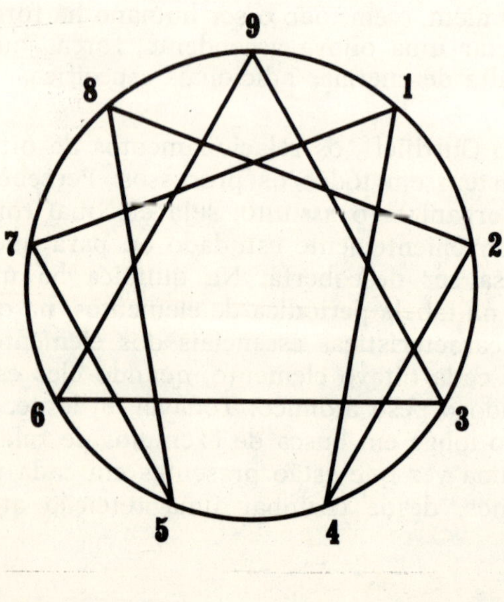

Uma vez que deve estar presente em todas as seqüências de acontecimentos, o eneagrama pode ser usado no estudo de todos os processos. Os dias da semana, por exemplo, podem ser colocados ao redor da circunferência. Aí, então, podemos ver todos os tipos de possibilidades curiosas. O domingo está situado no ponto onde a trindade dá início à semana, conforme retratada no Sabá cristão. Os pontos de choque parecem ocorrer nas noites de terça e quinta-feira. E parece haver duas progressões na semana; a seqüência de tempo cronológico está representada no círculo exterior, enquanto uma outra seqüência — um fluxo de segunda para quarta-feira e daí voltando para a terça-feira, depois partindo da terça-feira para sábado e daí para quinta e para sexta-feira — está representada pelas linhas de conexão interiores; sincronicidades começam a fazer sentido. Alguma coisa que eu faça (ou que estou para fazer, se você gosta de pensar linearmente) na quarta-feira poderá afetar aquilo que vou experimentar quando a terça-feira chegar. Ampliando esta idéia nós podemos

ENEAGRAMA DOS DIAS DA SEMANA

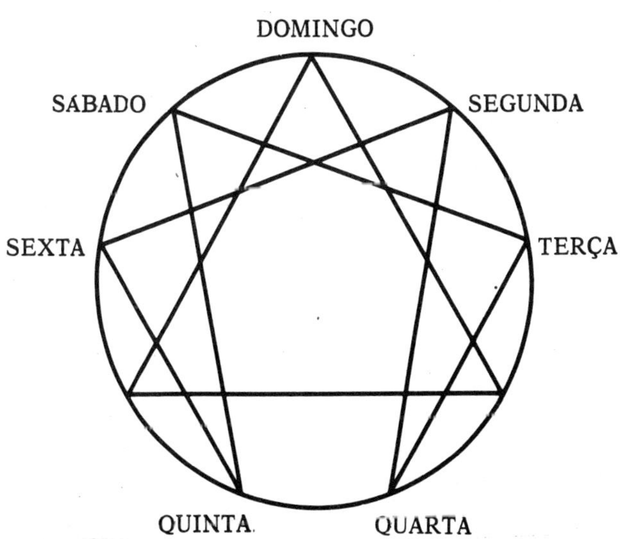


considerar a possibilidade da existência, fora da progressão cronológica de causa e efeito, de ligações entre acontecimentos que poderiam, por exemplo, modificar a configuração dos acontecimentos de hoje e ser a causa de uma futura calamidade ou vitória. Esta idéia está muito próxima da doutrina budista da causalidade múltipla e do surpreendente princípio da incerteza, de Heisenberg.

Do ponto de vista da nossa própria transformação daquilo que é visto — nas tradições religiosas — como a passagem da condição de queda para o estado de perfeição, há muita sabedoria contida no eneagrama. Nós somos aquilo que comemos. Normalmente, a transformação da comida no corpo humano é realizada com o choque de ar que vem entre mi e fá, na oitava que parte daquilo que é introduzido na boca para aquilo que é realmente utilizado pelo corpo. O influxo de ar tanto favorece a assimilação do alimento como dá início a uma nova oitava. É um choque que é aplicado, com cada respiração, em todos os seres sensíveis.

O ar também pode ser assimilado. Cada respiração favorece a digestão da comida e, também, inicia uma nova oitava que normalmente não vai além do mi, porque não recebe o choque necessário para passar para fá. Se este choque fosse dado, daria início a uma nova oitava de assimilação de impressões que, por sua vez, também precisaria de um choque para passar para o seu fá. Estes choques não são dados automaticamente. Segundo Gurdjieff, para assimilar o ar devemos aplicar em nós aquilo que é chamado de *primeiro choque consciente,* e fazemos isso por meio da recepção consciente de impressões, lembrando-nos de nós mesmos. Depois, para assimilar as impressões e completar o "comer" admissível para os seres humanos, devemos aplicar o *segundo choque consciente,* que envolve a transmutação da energia emocional negativa produzida por circunstâncias externas. Estes choques mais elevados requerem uma percepção aumentada; o primeiro choque consciente é um testemunhar atento de tudo o que está acontecendo, enquanto que o segundo choque consciente exige que os delicados processos interiores sejam habilmente redirigidos.

Se metabolizássemos completamente a comida, o ar e as impressões que recebemos, viveríamos até o máximo da amplitude, mas da forma como costumamos viver, somente a assimilação da comida é adequadamente levada a cabo.

## ENEAGRAMA DA TRANSFORMAÇÃO DA COMIDA

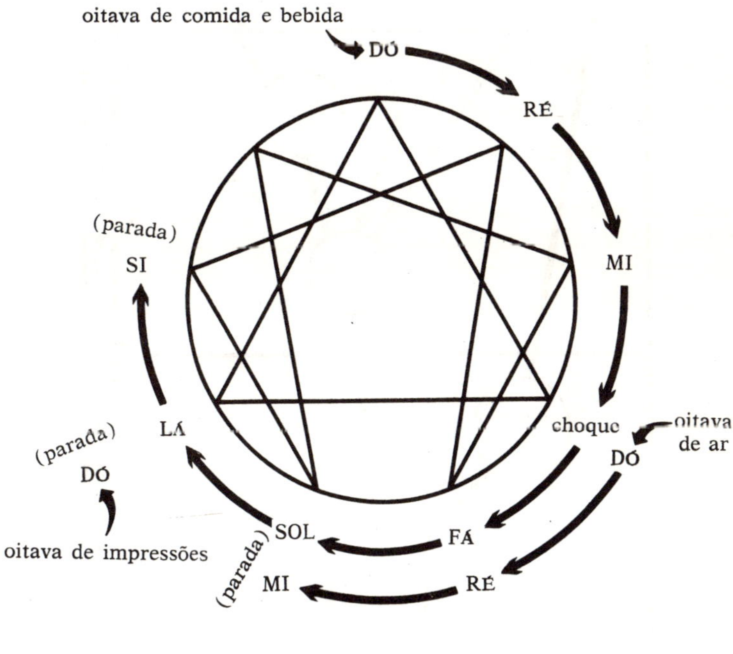

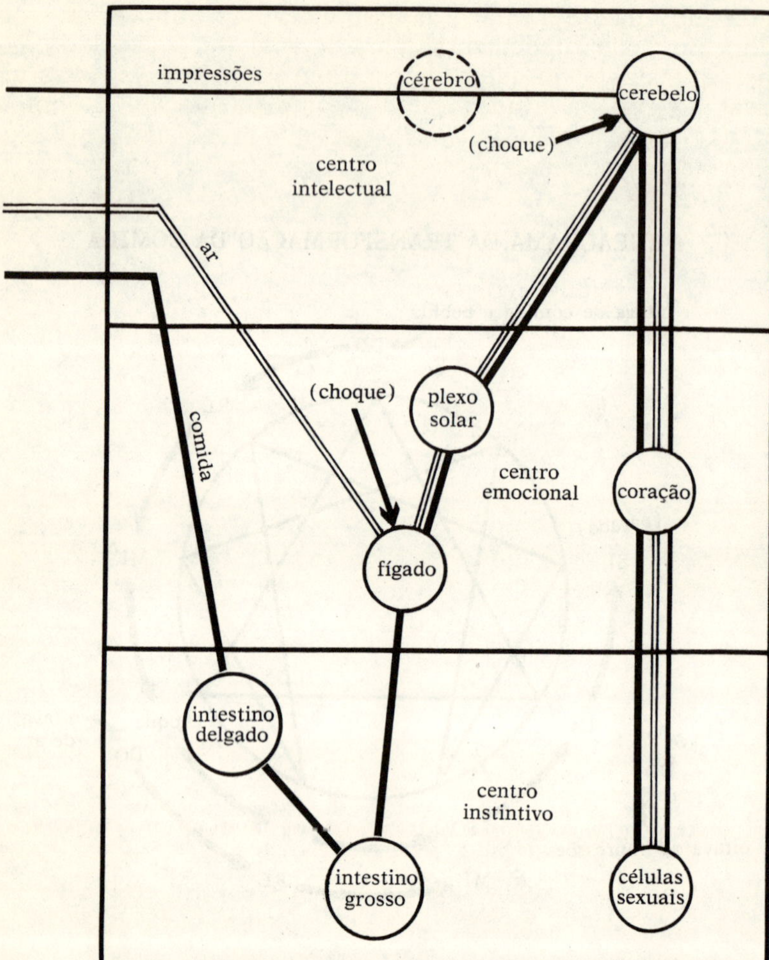


O QUE A AUTO-OBSERVAÇÃO FAZ AO CORPO

A digestão depois do primeiro choque consciente

A assimilação do ar respirado sofre uma parada, e sua oitava é detida por causa da falta de um choque no seu intervalo mi-fá, e a oitava da assimilação de impressões — o alimento mais fundamental para a vida — é abortada no mesmo instante em que se inicia. Com meios hábeis, estas oitavas podem ser levadas até sua complementação. É com a produção e absorção destes choques que toda a doutrina esotérica está teoricamente relacionada.

*É possível escapar de uma armadilha. Contudo, para fugir de uma prisão devemos, em primeiro lugar, admitir que estamos numa prisão. A armadilha é a estrutura emocional do homem, a estrutura do seu caráter. De quase nada adianta inventar sistemas de pensamento sobre a natureza da armadilha, se a única coisa a fazer para escapar dela é conhecê-la e encontrar a saída.*

Wilhelm Reich

*Da minha parte, quando penetro mais intimamente dentro daquilo que chamo de* eu, *sempre tropeço em uma ou outra percepção particular de calor ou de frio, de luz ou de sombra, de amor ou de ódio, de prazer ou de dor. Nunca, em momento algum,* eu me surpreendo *sem nenhuma percepção, e jamais posso observar qualquer outra coisa além da percepção. Posso aventurar-me a afirmar (que os seres humanos) não são nada mais do que um monte, ou uma coleção, de percepções diferentes, que se sucedem com inconcebível rapidez e estão em perpétuo fluxo e movimento.*

David Hume

*Penso que a principal objeção ao* behaviorismo *é que as pessoas estão apaixonadas pela maquinaria mental. Se você diz que essa maquinaria não existe, que é uma ficção e que é bom voltarmos aos fatos, então elas terão que desistir do seu primeiro amor.*

B. F. Skinner

## III

# A PSICOLOGIA DOS SERES HUMANOS COMUNS

Ao estudar os ensinamentos de Gurdjieff, sobre psicologia humana, será conveniente encarar as questões desde dois pontos de vista; nossa condição conforme ela é agora e nossa condição como ela seria, se concretizássemos nossas possibilidades, nosso destino, até o máximo da sua plenitude.

## FRAGMENTAÇÃO HUMANA

De acordo com Gurdjieff, a condição humana, conforme se manifesta em quase todos nós, é substancialmente diferente das idéias que costumamos ter sobre ela. Essa diferença, entre como pensamos que somos e como somos na realidade, é extraordinariamente evidente no que diz respeito a noções sobre identidade pessoal, ação responsável e livre arbítrio, embora também se aplique, com igual validade, a inúmeras outras funções humanas inferiores. Tomemos, por exemplo, a idéia, profundamente enraizada, que todos alimentamos, que cada um de nós é uma pessoa consistente. É a noção — geralmente aceita por estudiosos da personalidade e praticamente por toda a gente — de que, exceto nos casos de dissociação histérica, que são muito raros, quando uma pessoa diz "eu" ela se refere a si mesma em sua integridade. E cada pessoa que diz "eu" presume que fala como uma entidade que persiste hora após hora, dia após dia. É dessa maneira que nos descrevemos para os outros e é isso que geralmente aceitamos como sendo uma verdade que se evidencia por si mesma. Afinal, cada indivíduo tem um corpo familiar que é um fator consistente na experiência diária. Ouspensky diz:

A ilusão de unidade ou uniformidade é criada, no homem, primeiro pela sensação do seu corpo físico, depois *por seu nome*, que nos casos normais permanece sempre o mesmo, e terceiro por uma multidão de hábitos mecânicos que nele são implantados pela educação ou adquiridos pela imitação. Tendo sempre as mesmas sensações físicas, ouvindo sempre o mesmo nome e notando, em si, os mesmos hábitos e inclinações que tinha antes, ele acredita ser sempre o mesmo. [1]

É possível, porém, que a função e a estrutura psicológica humanas sejam melhor explicadas, se olharmos para o comportamento em termos de muitos "Eus", em vez de um único "Eu", um conceito de personalidade mais aparentado com a concepção budista do que com o pensamento psicológico ocidental (embora até mesmo no Ocidente tenha havido uma corrente deste tipo de pensamento, uma corrente que influenciou contemporâneos tão diferentes como Assagioli [2] e Skinner [3]). Segundo Gurdjieff, cada adulto tem muitos "Eus", cada um dos quais usa a palavra "eu" para descrever a si próprio. Num momento um "Eu" está presente, no outro há um "Eu" diferente, que poderá ou não concordar com o "Eu" anterior. Este "Eu" poderá até mesmo desconhecer a existência do outro "Eu", pois entre os "Eus" freqüentemente existem defesas relativamente impenetráveis, chamadas *amortecedores*. Grupos de "Eus" formam subpersonalidades, que estão relacionadas por associações; algumas para os negócios, outras para a família, outras para a igreja ou a sinagoga. Tais grupos poderão desconhecer os outros grupos de "Eus", com os quais não estão relacionados por associação. Um "Eu" poderá fazer uma promessa e, por causa dos amortecedores, um outro poderá ignorar essa promessa e, em conseqüência disso, não terá qualquer intenção de cumpri-la. Um grupo de "Eus" poderá lançar-se entusiasticamente num casamento que deixa os outros ressentidos e afastados. Certos "Eus" poderão valorizar e trabalhar por um objetivo que os outros corrompem, e nós estaremos sujeitos a sofrer a "natureza de insurreição". Então, vistas do ângulo de Gurdjieff, as técnicas psicoterapêuticas que trazem à percepção os vários fragmentos do ego — desde as regras básicas da psicoanálise até os explícitos diálogos interiores de Gestalt — teriam a importante função de reduzir gradualmente os efeitos dos amortecedores e fazer com que os "Eus" travem conhecimento uns com os outros.

## A MÁQUINA HUMANA

O funcionamento psicológico humano não somente é caracterizado pela inconsistência, mas também, esta inconsistência é totalmente determinada por leis mecânicas. O "Eu" que controla o comportamento de um indivíduo num dado momento não é determinado pela escolha pessoal desse indivíduo, mas sim por uma reação ao meio ambiente que invoca um ou outro "Eu". O ser humano não pode escolher qual "Eu" vai ser, como seria do agrado de todos nós; a situação escolhe. Nosso comportamento não vem de nós, é provocado em nós, e o que nos acontece ocorre totalmente por conta das influências externas e das associações "acidentais" da história condicionadora. Não temos capacidade para fazer, não temos "livre arbítrio" — em verdade, não temos qualquer função de vontade. As atrações e aversões, as tendências para abordar ou evitar quaisquer estímulos, que possam incidir sobre uma pessoa, atuam como cordões invisíveis que animam a marionete que essa pessoa é. Nas palavras de Gurdjieff:

> O homem é uma máquina. Todas as suas realizações, ações, palavras, pensamentos, sentimentos, convicções, opiniões e hábitos, são o resultado de influências externas, de impressões externas. De dentro de si mesmo um homem não pode extrair um simples pensamento, produzir uma única ação. Tudo o que ele diz, faz, pensa, sente — tudo isso acontece... O homem nasce, vive, morre, constrói casas, escreve livros, não como ele quer que seja, mas como isso acontece. Tudo acontece. O homem não ama, odeia, deseja — tudo isto acontece.[4]

No estado não-evoluído, que é a nossa condição comum, o ser humano é, então, o mesmo que uma máquina muito complexa e intrincada que, ao contrário das outras máquinas, tem a potencialidade de saber que é uma máquina. A "máquina" humana pode estudar a si mesma. Este estudo poderá fornecer as indicações necessárias para a conquista de um outro nível de existência, mais elevado, no qual o verdadeiro arbítrio é possível. Este estudo, porém, da mesma forma que o estudo de qualquer outro sistema complexo, poderá consumir um tempo bastante longo e exigir muita persistência e atenção.

## NOSSOS TRÊS "CÉREBROS"

Na obra de Gurdjieff, *All and Everything*, Belzebu conta ao seu neto tudo sobre o "inexplicável comportamento destes seres de três cérebros, que estão no estranho planeta Terra". Como pavimentos em um edifício (e particularmente numa fábrica de alimentos), estes três cérebros correspondem a três níveis distintos de operação. O pavimento superior é o centro intelectual, o pavimento do meio contém o centro emocional e o andar inferior é o local de controle de três funções, que às vezes, mas não com freqüência, trabalham independentemente. Estas são o centro motor, o centro instintivo e o centro sexual. Em adição a estes cinco centros, que estão em atividade em toda a pessoa normal, ainda há mais dois centros que, embora estejam perfeitamente formados e em constante funcionamento, não têm ligação com os outros a menos que seja feita uma conexão, intencionalmente e com habilidade. Estes são o centro intelectual superior (cuja linguagem é símbolo), no andar de cima, e o centro emocional superior (cuja linguagem é mito), no andar do meio.

Nas pessoas comuns, os cinco centros inferiores funcionam de maneira ineficiente e em desarmonia uns com os outros; e os centros superiores não são utilizados. Os centros inferiores usam formas de energia diferentes, não obstante, tomam por empréstimo e roubam energia uns dos outros, muito embora essa energia não possa ser adequadamente utilizada. Eles virtualmente desperdiçam toda a energia, que têm ao seu dispor, em derramamentos que são de tal modo crônicos e debilitantes que, a menos que sejam tomadas medidas para detê-los, não há qualquer possibilidade de manter um elevado nível de funcionamento de todos eles. Eles habitualmente realizam operações que não são da sua competência, uns interferindo com os outros e rebaixando o rendimento do trabalho. Todos os centros costumam roubar energia do centro sexual, uma energia que tem um nível vibratório mais elevado que o daquela que é usada pelos outros, e por isso mesmo

Num ser humano, os três centros correspondem a três níveis diferentes de operação: intelectual, emocional, instintivo.

não tem qualquer importância para o funcionamento correto deles. Esta energia menos densa se perde em expressões de fanatismo, de veemência e de entusiasmo mal empregado, enquanto o centro sexual, como um carro de corrida abastecido com combustível de baixa octanagem, trabalha com energia inferior e praticamente nunca opera com sua capacidade máxima.

Outros centros também não trabalham muito perto do seu potencial total. Se o centro emocional operasse com sua capacidade máxima, estabeleceria uma ligação com o centro emocional superior, e se o centro intelectual operasse corretamente também estabeleceria uma ligação com o centro superior que lhe corresponde. Estas conexões requerem uma harmonização dos níveis vibratórios existentes entre os centros inferiores e superiores. Por conseguinte, as ligações permanentes, com os centros mais elevados, só podem ser formadas quando o trabalho dos centros inferiores foi regulado e acelerado. Conexões temporárias podem ocorrer espontaneamente, nos momentos de êxtase; mas, até que os centros inferiores estejam preparados para o fluxo de energia que isso envolve, tais conexões têm que ser breves. Na condição em que estamos não poderíamos tolerar tais ligações mais do que, digamos, um aparelho projetado para 110 volts poderia agüentar uma corrente de 220 volts.

Os centros inferiores não somente funcionam abaixo da sua capacidade, desperdiçam energia, tiram e roubam uns dos outros, e de mil maneiras trabalham em desarmonia recíproca, mas até mesmo dentro de cada um deles há uma aplicação errada do esforço. Cada um dos centros é dividido em partes: intelectual, emocional e propulsora; e cada uma destas partes costuma ter (embora não sempre) um aspecto positivo e um aspecto negativo, e é mais uma vez subdividida em aspectos intelectual, emocional e motor. Como exemplo do trabalho incorreto do centro intelectual, Nicoll diz o seguinte:

> A parte mecânica inclui em si todo o trabalho de registro de *lembranças, associações e impressões,* e nisto se resume todo o trabalho que ela deveria realizar normalmente — isto é, enquanto os outros centros e partes dos centros estão realizando a tarefa que cabe a *eles.* Este deveria ser apenas o trabalho de registro ou grava-

## OS CENTROS

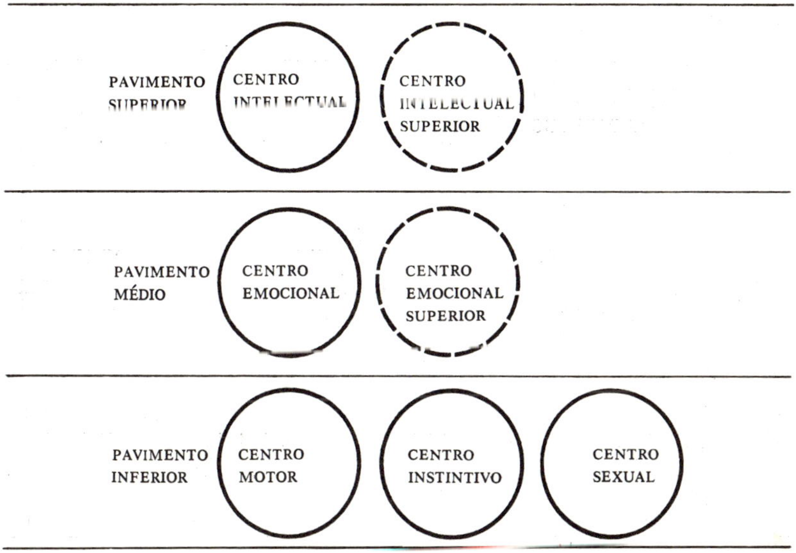


## FORMAS INCORRETAS DE UTILIZAÇÃO DA ENERGIA SEXUAL

| | |
|---|---|
| CENTRO INTELECTUAL | disputas<br>crítica<br>polêmica<br>batalhas com palavras<br>fantasia sexual e satisfação por meio de tal fantasia |
| CENTRO EMOCIONAL | pregação sobre o fogo do inferno, a danação, o horror ao pecado, a dor eterna<br>perseguição religiosa<br>sentimentalismo<br>ciúme<br>crueldade |
| CENTRO MOTOR | marcar recordes nos esportes<br>escalar montanhas "só porque elas estão ali" |

*(A má utilização da energia sexual é identificada por uma veemência particular no ato e pela inutilidade do trabalho produzido.)*

ção, como faz uma secretária anotando o que é dito, pondo em ordem o ditado, etc. E, como já foi mencionado, essa parte nunca deveria dar respostas a perguntas dirigidas ao *centro global*, e nunca deveria decidir qualquer coisa importante; infelizmente, porém, ela está sempre decidindo e sempre dando respostas na sua maneira limitada, com frases feitas, continuando a dizer sempre as mesmas coisas e a trabalhar do mesmo modo mecânico, sob todas as condições.[5]

Foi dado um nome especial a esta parte do centro intelectual: centro formativo ou aparelho formativo. Quando ele usurpa o trabalho do centro intelectual inteiro, o que resulta é o "pensamento formativo", caracterizado por *slogans* e frases estereotipadas, e por comparações do tipo preto-branco, certo-errado, este-ou-aquele, destituídas da profundidade e da sutileza do pensamento intelectual.

O estudo do trabalho defeituoso dos centros é uma das chaves para a compreensão da mecânica da psicologia humana. Para dar uma perspectiva mais ampla, se bem que ainda incompleta, algumas descrições aproximadas, das funções corretas, estão sumarizadas na tabela seguinte (modificada segundo Nicoll).

Os três pavimentos do homem têm bancos de memória separados, cada um deles registrando as impressões apropriadas. Gurdjieff descreve o mecanismo da memória, da seguinte maneira:

> Numa criança recém-nascida, estas três partes diferentes, da psique humana em geral, podem ser comparadas a um sistema de rolos de fita virgem, nos quais começa a ser gravada, a partir do dia em que ela aparece no mundo, a significação exterior dos objetos e a compreensão subjetiva do seu significado interior, ou o sentido dos resultados de todas as ações que vão tendo lugar no mundo exterior e também no mundo interior, que já se está formando nela; tudo isso é registrado de acordo com a correspondência entre a natureza destas ações e a natureza dos sistemas distintos que se formam no homem.

Todos os tipos destes resultados gravados, das ações ocorridas ao redor dela, permanecem inalterados nestes "rolos-depósito", durante a vida inteira, na mesma seqüência e na mesma correlação com as impressões previamente registradas, nas quais são percebidas.[7]

## AS FUNÇÕES DOS CENTROS[6]

| | PARTE MOTORA | PARTE EMOCIONAL | PARTE INTELECTUAL |
|---|---|---|---|
| CENTRO MOTOR | Reflexos automáticos<br>Imitação em pequena escala<br>Adaptação limitada<br>Habilidade para aprender novos movimentos | Prazer no movimento<br>Amor normal aos divertimentos<br>Imitação mais elevada; algumas formas de representação | Invenção de coisas e máquinas<br>Realização de adaptações |
| CENTRO INSTINTIVO | Sensações agradáveis<br>Sensações desagradáveis | Amor cego, animal<br>Amor "instintivo"<br>Ciúme animal<br>Raiva animal; desejo de matar | Muitas das pretensas intuições |
| CENTRO SEXUAL | Sensações sexuais (só podem ser agradáveis ou neutras) | Atração sexual e sentimentos de satisfação ou frustração | Suposições sobre sexo<br>Percepções do sexo |
| CENTRO EMOCIONAL | Expressão mecânica das emoções<br>Todas as emoções que se relacionam com nossas predileções e aversões<br>Pequenos desejos; pequenas "vontades" cotidianas | Emoções religiosas<br>Emoções estéticas<br>Emoções morais; poderão levar à consciência | Criação artística<br>Local principal do centro magnético |

| | PARTE MOTORA | PARTE EMOCIONAL | PARTE INTELECTUAL |
|---|---|---|---|
| CENTRO INTELECTUAL | Repetição de palavras e frases; conversação mecânica Indagação; curiosidade Perspicácia; astúcia | Desejo de saber e compreender, procura de conhecimento; tipos de imaginação mais elevados | Construção intelectual Pensamento criativo Descobrimento |

Segundo Gurdjieff, as impressões podem, teoricamente, assaltar um indivíduo de várias maneiras diferentes; podem vir de associações mecânicas ou da sensação, completamente inconsciente, do mundo; podem vir de influências voluntariamente recebidas, do pensamento ativo e do sentimento consciente; ou podem vir de um estado de percepção direta e consciente, mais elevado, que para o homem comum é apenas uma possibilidade remota, dependendo de quantos choques são recebidos. Conforme a consciência muda em nível, a qualidade das impressões recebidas também muda. A maior parte da nossa vida transcorre num estado de consciência obscurecido, que é o nosso estado de vigília comum, que logo adiante discutiremos mais pormenorizadamente. Agora é suficiente dizer que neste estado as impressões só são relacionadas pelas leis mecânicas de associação, e é desse modo que são registradas pelos centros. A consciência, porém, varia de nível; as pessoas oscilam num sobe e desce, de nível para nível, às vezes mais, às vezes menos submersas na identificação com ações e acontecimentos que participam da experiência delas. Há, ocasionalmente, momentos de estados de consciência mais elevada. Nessas eventualidades, a memória é muito diferente. É muito mais nítida e imediata.

## TRÊS TIPOS HUMANOS

A importância relativa, num indivíduo, dos padrões de funcionamento de cada um dos três pavimentos da sua "fábrica de alimentos", determina o lugar dele, ou dela, num esquema de classificação utilizado por Gurdjieff para caracterizar os seres humanos. Uma pessoa, por exemplo, poderá depender mais da cabeça do que do coração, enquanto que outra poderá deixar-se dominar pela emoção quando a lógica falha. Todas as pessoas nascem com um "cérebro" predisposto a predominar sobre os outros dois. Segundo o esquema de Gurdjieff, o Homem Número Um tem seu centro de gravidade nas funções motora e instintiva, o Homem Número Dois dá maior importância aos sentimentos, e o Homem Número Três baseia suas ações no conhecimento ou na perspectiva teórica. Estes indivíduos estão mais ou menos no mesmo nível de existência, visto que todos eles carecem de vontade e unidade interior. Diferem, porém, no fato de se apoiarem numa função ou noutra.

Os Homens Número Um, Dois e Três diferem um do outro em seus hábitos, gostos e estilos de vida. Correspondem, aproximadamente, às variedades do físico, de Sheldon.[8] O Homem Número Um é endomórfico; O Homem Número Dois é mesomórfico; o Homem Número Três é ectomórfico. No sistema de Sheldon, estes três tipos físicos estão correlacionados com as constelações temperamentais de visceratonia (ênfase nos intestinos, o instinto), somatotonia (ênfase no impulso e na ação) e cerebrotonia (ênfase no pensamento), o que prova que se adaptam muito bem ao sistema de Gurdjieff. Em termos literários, podemos vê-los em três personagens shakespearianos muito familiares; Falstaff é o Homem Número Um; o Príncipe Hal é o Homem Número Dois; e Hamlet é o Homem Número Três.

Para cada um destes três tipos básicos há uma forma de arte, uma forma de música, um tipo de prática religiosa que parece mais atraente. O Homem Número Um é influenciado pela pompa e pela cerimônia, pelos rituais sacros e pelas repetições sacras, enquanto que o Homem Número Dois se sente mais atraído para a oração e para o sacrifício devotado diante de um deus ou de um guru. O Homem Número Três teologiza, classifica, debate e discute em sua orientação, quase tropística, para a sabedoria. As grandes tradições religiosas podem acomodar todos estes tipos; vejam-se as monótonas missas solenes do catolicismo, os incandescentes sermões das seitas evangélicas, com seus coros de "Améns", os ponderados argumentos dos protestantes. No hinduísmo, no budismo, no islamismo e no judaísmo há um campo similar capaz de conter o espectro das afinidades humanas, pois dentro do padrão

Os três tipos humanos básicos, observados por Gurdjieff, diferem um do outro nos hábitos, gostos e estilos de vida

de pensamentos, sentimentos e ações de cada ser adormecido — colocado precisamente onde é mais possível haver distorção — está a chave para outra maneira de viver.

## ESTADOS DE CONSCIÊNCIA

No seu estado normal de percepção, um indivíduo, quer do tipo Número Um, Dois ou Três, não dá atenção a si mesmo, da forma como todos nós gostaríamos de pensar que damos. A percepção das funções motora, emocional e intelectual é

### OS TRÊS TIPOS DE SERES HUMANOS

| HOMEM NÚMERO UM | HOMEM NÚMERO DOIS | HOMEM NÚMERO TRÊS |
|---|---|---|
| Homem instintivo/motor | Homem emocional | Homem racional |
| Memorização mecânica e aprendizagem imitativa | Conhecimento das predileções e aversões | Raciocínio lógico e interpretações literais |
| Arte primitiva, sensual | Arte sentimental | Arte intelectual, inventada |
| Religião de ritos e cerimônias | Religião de fé, de amor e de perseguição à heresia | Religião de provas e argumentos |
| Faquires | Monges | Iogues |
| Carma Ioga | Bhakti Ioga | Jnana Ioga |

consciência, e esta consciência é muito confusa e inconsistente, muito abaixo da capacidade. Qualquer pessoa, escolhida ao acaso em um escritório, em um clube social ou no salão de conferências de uma universidade, e seguida imperceptivelmente, por um observador arguto, desde o princípio até o fim da rotina normal de um dia, daria a perceber que muito raramente tem noção de quem é e de onde está, e muito mais raramente parece ter conhecimento do que sabe e do que não sabe.

Gurdjieff estabelece distinções entre quatro estados de consciência possíveis aos seres humanos; sono, estado de vigília comum, autoconsciência e consciência objetiva. Embora todos esses estados possam ser alcançados por todos os indivíduos, eles diferem amplamente em duração e em probabilidade de ocorrência. Tipicamente, a vida é dividida entre sono e estado de vigília comum (que poderá ser considerado como uma forma de sono). Podemos gastar um terço, ou até mesmo mais do nosso tempo na Terra, dormindo. Isso acontece porque nossa forma de dormir é ineficiente; segundo Gurdjieff, na verdade o corpo não leva muito tempo para produzir as substâncias para cuja produção o sono foi projetado. A razão por que as pessoas comuns necessitam de tanto tempo para dormir é que gastam a maior parte desse tempo em estados intermediários entre sono e estado de vigília, que não são nem uma coisa e nem outra, e que são inúteis. Tais estados de intermediação são caracterizados por sonhos:

> O sono profundo é um estado no qual não temos sonhos ou sensações. Se as pessoas têm sonhos isso quer dizer que uma das suas conexões não foi desligada, uma vez que memória, observação e sensação nada mais são do que um centro observando outro.[9]

O verdadeiro sono é o desligamento total dos centros:

> O sono de um homem nada mais faz do que interromper as ligações entre os centros. Os centros do homem nunca dormem. Uma vez que as associações são a vida deles, o movimento deles, eles nunca terminam, nunca param. A parada das associações significa morte. O movimento das associações jamais cessa por um instante sequer, em qualquer centro; elas continuam fluindo até mesmo no mais profundo dos sonos.[10]

Aquele que tem experiência dá repouso ao corpo durante o dia. Fazer isso representa uma possibilidade real de concentração de energia de trabalho. "É preciso aprender, custe o que custar, a não ficar tenso quando a tensão não é necessária. Quando você senta sem fazer nada, deixe o corpo dormir. Quando dorme, durma de tal modo que você inteirinho durma também.[11] No estado de vigília comum, quando perguntam a alguém se ele, ou ela, tem ou não tem consciência de si mesmo, essa pessoa certamente dirá que sim — e, de fato, durante aquele momento talvez ela tenha — mas no momento seguinte ela deslizará para aquele tipo de atenção fragmentada, inconsistente e nebulosa, que caracteriza este estado.

Geralmente é mais difícil avaliar o estado de vigília comum em nós mesmos do que nos outros. Qualquer um que ache difícil aceitar a idéia de que, sendo como somos, temos apenas alguns poucos momentos de verdadeira autoconsciência, pode fazer um estudo dos queixos caídos e do olhar vago e parado de pessoas que estão em lugares públicos ou em situações em que pensam que não estão sendo observadas — as ruas de qualquer cidade, os ônibus ou as lojas. Chegar a conclusões através da compreensão de que os outros andam, falam, comem, trabalham, casam, divorciam-se e, de modo geral, passam suas vidas num estado de desatenção quase total, e depois aplicar este conhecimento à nossa própria vida e aceitar a verdade sobre nós mesmos poderá ser doloroso e arrojado, mas exigirá apenas um pequenino salto dedutivo.

Acima dos estados de sono e do estado de vigília comum, há estados de consciência que poderão manifestar-se como relâmpagos ou experiências culminantes. Aqueles que se dedicaram ao trabalho interior concordam em que, embora tais estados sejam mais prováveis de ocorrer durante ou depois de um intenso esforço interior, o mais esforçado empenho é absolutamente insuficiente para atraí-los. Krishnamurti, criado desde tenra idade para ser o Messias dos Teosofistas, vivendo uma vida de total disciplina meditativa, descreve inúmeras experiências desse tipo, no seu diário dos anos já muito distantes, em que se esquivara das crenças e das práticas religiosas, porque achava que eram infantilidades. Ele reflete:

> Por que tudo isso tinha que acontecer conosco? Nenhuma explicação é suficientemente boa, muito embora possa inventar uma dúzia. Certas coisas, porém, são bastante claras. 1: Devemos ser absolutamente "indiferentes" às suas manifestações e desaparecimentos. 2: Não deve haver nenhum desejo de continuar a experiência ou guardá-la na memória. 3: Deve haver certa sensibilidade física, certa indiferença ao conforto. 4: Deve haver uma aproximação bem humorada e autocrítica. Todavia, mesmo que, por acaso, tivéssemos tudo isso, sem que fosse por meio da humildade e do cultivo deliberado, ainda assim não será o bastante. É preciso alguma coisa completamente diferente, ou nada é preciso. Isso deve vir, e você nunca deve ir em busca disso, faça o que fizer. Você

também pode colocar o amor na lista, mas isso está além do amor. Uma coisa é certa, o cérebro nunca poderá compreender e nem conter isso. Abençoado é aquele a quem isso é dado. E você também pode acrescentar à lista um cérebro quieto e silencioso.

Conforme somos agora, pouco mais podemos saber, dos estados de consciência mais elevados, além daquilo que temos possibilidade de assimilar dos relatos contidos em trabalhos tais como *The Varieties of Religious Experiences* [13], de William James, e *Cosmic Consciousness* [14], de Richard Bucke. Tais experiências são, relativamente, tão inacessíveis às pessoas de hoje quanto o Tibete era para os seus correspondentes medievais, muito embora a revolução psicodélica nos tenha dado filmes equivalentes a narrativas ilustradas, que poderão ter aumentado nosso desejo de viajar. Nós somos como proprietários, possuidores de uma belíssima mansão de quatro pavimentos, cada andar mais suntuoso do que aquele que o antecede, mas esquecemos como é que se faz para subir até eles. Vivemos em privação e escuridão, na cozinha e no porão, discutindo sobre a existência ou inexistência de "salas-de-estar".

## A PSICOPATOLOGIA DO ESTADO DE VIGÍLIA COMUM

O que nos mantém apartados dos pavimentos superiores da nossa mansão? Na vida cotidiana, os obstáculos aos níveis de consciência mais elevados são abundantes; são a herança que recebemos de gerações passadas. O mais central talvez seja a *identificação*, o tempero básico do estado de vigília comum. "Nesse estado o homem não tem uma percepção distinta. Vive perdido em qualquer coisa que aconteça estar fazendo, sentindo ou pensando. Porque ele está perdido, mergulhado, ausente de si mesmo, esta condição é conhecida como... estado de sono vigilante. [15]

A identificação é o oposto da autoconsciência. Num estado de identificação, não nos lembramos de nós mesmos. Estamos perdidos para nós mesmos. A atenção está dirigida para fora e não sobra nenhuma percepção para os estados interiores. E a vida comum é quase completamente vivida em estados de identificação.

A identificação com as expectativas de outras pessoas é chamada de *consideração.* Podemos distinguir duas espécies de consideração, interna e externa. A consideração interna tem como base o sentimento de deficiência que uma pessoa, que se encontra nos estados menos desenvolvidos, sente a maior parte do tempo — neste caso a deficiência é sentida quando as outras pessoas deixam de dar-nos suficiente atenção ou apreciação. Isso é manter uma contabilidade interna daquilo que demos e, conseqüentemente, daquilo que nos é devido, e significa que nos sentiremos infelizes, desprezados e magoados quando os outros não pagarem a dívida. Não havendo identificação, isso não pode acontecer.

Por outro lado, a consideração externa é a prática da empatia e do tato. É consideração verdadeira. Conseqüentemente, depende de certa solidez e consistência da atenção e do esforço, da parte daquele que aspira praticá-la. Um fato interessante é que as tentativas de expressar a consideração externa muitas vezes se transformam em consideração interna, quando a pessoa que está se esforçando para considerar uma outra, num sentido externo, não recebe, em troca, gratidão ou atenção. A consideração externa deve ser a sua própria recompensa, e ela não deve esperar que nada seja retribuído.

A *mentira* é um outro aspecto inevitável do estado de vigília comum, e está tão difundida que Ouspensky [16] lançou a proposta de um novo nome para a psicologia humana, que poderia passar a ser chamada de psicologia da mentira. De acordo com o sentido dado por Gurdjieff, mentir é falar sobre aquilo que não conhecemos. A mentira está obviamente presente na tagarelice dos coquetéis e nas preleções daqueles que têm um conhecimento apenas parcial ou teórico, mas mesmo assim afirmam que têm um conhecimento real. Uma vez que todo o conhecimento está interligado, a apresentação de apenas um aspecto da verdade geralmente implica em mentira.

Gurdjieff faz uma diferenciação entre conhecimento e entendimento, e esta distinção é relevante para a idéia da mentira humana. O conhecimento — a aquisição de fatos, dados, informações — é útil ao desenvolvimento humano somente até o ponto em que o que foi adquirido é absorvido ou assimilado pelo nosso ser, isto é, só até o ponto em que é entendido. Se alguma coisa é sabida, mas não é entendida, haverá mentiras sobre ela, porque não podemos transmitir uma verdade que não entendemos.

O pensar das pessoas comuns ocorre somente quando alguma coisa "me ocorre". É a *tagarelice mecânica*, que é colorida pela mentira e não está sob qualquer controle. O aparelho formativo, a parte motora do centro intelectual, é incapaz de compreender ordens de verdade mais elevadas do que a dualística; assim sendo, o indivíduo comum é uma terceira força cega. Ele enxerga as coisas em termos de opostos — causa e efeito, bem e mal, verdade e falsidade — vendo dualidade, mas não trindade. Uma vez que, como já vimos, as leis da natureza são trinárias, e não dualísticas, a mentira e todos os outros pensamentos mecânicos devem ser encarados como impedimentos sérios ao autodesenvolvimento.

Outra característica relacionada do estado de vigília comum é a *conversação desnecessária*, que representa um derramamento inútil de energia e um obstáculo ao desenvolvimento de estados de consciência mais elevados. Passamos nossa vida falando, quer exterior quer interiormente. A conversação ociosa é mecânica, envolve imaginação e mentira, e encoraja a identificação. Este é um assunto vital, um tema central em muitas tecnologias sagradas. Don Juan, por exemplo, explica que o desenvolvimento de um guerreiro repousa na "cessação do diálogo interno".[17] A conversação desnecessária está ligada a outros *movimentos físicos desnecessários* e a tensões corporais, contrações, desassossego, tamborilar de dedos, batidinhas com os pés, trejeitos e assim por diante, que servem para esgotar a ração diária de energia que, se ao menos soubéssemos como, poderia ser usada para elevar o nível de atenção de que dispomos.

Isso nos leva à idéia de *imaginação*, o conjunto de noções irreais acerca de nós mesmos, que as pessoas comuns defendem como verdade inquestionável. Quando a palavra "imaginação" é usada no sentido que lhe deu Gurdjieff, não se refere à imaginação criativa de Leonardo, de Rembrandt, de Bach, de Beethoven ou de Brahms. Refere-se a algo muito mais corriqueiro — o sistema ilusório que cada um de nós acredita que os fatos da vida são. Esta é uma forma de mentira. Não estamos, por exemplo, tipicamente conscientes de nós mesmos, no entretanto, acreditamos que estamos. Não somos capazes de controlar nossas ações, no entretanto, acreditamos que somos. A imaginação trabalha, clara e ocultamente, durante todo o tempo. Solapa a motivação para o autodesenvolvimento; pois se eu não admito que estou num estado de desatenção, o que me fará sentir o desejo de mudar? O impulso ou o estímulo para trabalhar no sentido de alcançar a autoconsciência só pode aparecer quando desaparece a ilusão de termos capacidades que na realidade não temos.

Consideremos, finalmente, as manifestações emocionais do estado de vigília comum. A incapacidade de amar está diretamente relacionada com a incapacidade de sentir uma consideração verdadeira, com a incapacidade de prestar atenção, com a pluralidade de "Eus", que fazem parte da condição humana. Embora todos nós precisemos de amor, da maneira que somos não temos capacidade para alcançá-lo. "Comece amando plantas e animais, depois talvez você aprenda a amar pessoas",[18] diz Gurdjieff. Na literatura de Gurdjieff há poucas referências ao amor, uma vez que ele está além da capacidade dos seres humanos comuns. Da maneira que somos, só podemos reagir aos estímulos de acordo com as leis de associação mecânica e de conformidade com o "Eu" que está no comando no momento. Em resposta a uma pergunta sobre o lugar do amor na sua doutrina, Gurdjieff disse certa vez:

> Junto com o amor comum vai o ódio. Eu amo isto. Eu odeio aquilo. Hoje eu amo você, na próxima semana, daqui uma hora ou no próximo minuto, odiarei você. Aquele que pode amar verdadeiramente, pode *ser*; aquele que pode ser, pode fazer; aquele que pode fazer, *é*. Para saber sobre o verdadeiro amor devemos esquecer tudo o que sabemos sobre o amor e devemos procurar uma direção. Amamos porque algo em nós combina com as emanações do centro instintivo, do centro emocional ou do centro intelectual, da outra pessoa; ou talvez por causa das influências da forma exterior; ou por causa dos sentimentos — amo você porque você me ama, ou porque você não me ama; por causa das sugestões de outros; por um senso de superioridade; por piedade; e por muitas outras razões, subjetivas e egoístas. Nós nos deixamos influenciar. Todas as coisas atraem ou repelem. Há o amor do

sexo, que entre homens e mulheres é vulgarmente conhecido como "amor" — quando isto desaparece, um homem e uma mulher já não "amam" um ao outro. Há o amor de sentimento, que evoca os opostos e faz as pessoas sofrerem. Mais tarde falaremos sobre o amor consciente.[19]

Estando baseada, como está, na orientação mecânica de psiques adormecidas, a busca de fontes de amor e de objetos de amor tem que ser frustrante e infrutífera, e o grau de energia que nela é empregado, e de fascinação que ela exerce sobre a atenção, é um grande obstáculo ao desenvolvimento da autoconsciência.

Os sentimentos das pessoas comuns, embora muitas vezes sejam ocultados, com razoável sucesso, sob uma máscara cortês, são quase que inteiramente compostos de *emoções negativas*. Estas emoções negativas são ativadas pela identificação e pela consideração externa. A maior parte daquilo que motiva a atividade humana é emoção negativa, como qualquer um que pegar um jornal poderá verificar. A humanidade tem um imenso repertório de negatividades. Há as paixões básicas da cólera, da inveja, do orgulho, da vaidade, do ódio, da preguiça, do medo; há os estados de ânimo negativos, tais como a autocompaixão, a depressão, o ressentimento, o desespero, o tédio, a irritabilidade; as formas de sentimentalismo, incluindo muito daquilo que é chamado de humanitarismo e de amor; as formas negativas de prevenção intelectual, tais como o cinismo, a tendência para a argumentação, o pessimismo, a suspeita. A lista poderia ir mais além e mais além ainda. E aquilo que parece ser positivo, nos estados emocionais experimentados pelas pessoas no estado de vigília comum, pode acidificar e transformar-se em negatividade, bastando apenas uma pequenina pressão em uma daquelas imagens e questões psicológicas sensíveis — que Gurdjieff chamou de "nossos calos" — que geralmente estão fundamentadas no orgulho ou na vaidade.

## A DISTORÇÃO SISTEMÁTICA DA EXPERIÊNCIA NO ESTADO DE VIGÍLIA COMUM

De acordo com Gurdjieff, o ser humano comum experimenta o mundo de uma forma tal que, normalmente, está satisfeito com sua situação, obtém certa quantidade de prazer e de divertimento e acha tolerável a vida sem progresso no sentido da auto-realização. Esta sensação de satisfação não permite que lutemos para alcançar níveis de consciência mais elevados, e desse modo assegura a continuidade da nossa função de servir ao propósito imediato da natureza, que é o de transmitirmos energia dos reinos mais elevados do Raio de Criação para sua extremidade em desenvolvimento, a Lua. A ilusão de satisfação nasce dos efeitos de "um órgão especial, que tem uma propriedade tal que, em primeiro lugar, pode fazer com que eles percebam uma realidade às avessas, e em segundo lugar pode fazer com que cada impressão repetida, vinda do exterior, neles se cristalize em dados que poderão engendrar fatores que evocarão prazer e satisfação..."[20] A este órgão ele dá o nome de *kundabuffer*. Diz-se que o kundabuffer foi removido, mas seu efeito ainda subsiste. Seus resíduos produzem uma espécie de "narcótico das pessoas", que nos faz esquecer da nossa absoluta fragilidade, dos terrores da qualidade mortal, que nos ajuda a racionalizar e a mentir, para nós mesmos, sobre a nossa condição e a perceber o mundo de maneira tão errada que estremecemos quando um rato corre através da sala e não tememos — na verdade, nem mesmo imaginamos — a perspectiva da nossa própria morte.

Os efeitos do kundabuffer constituem um entrave tão sério à auto-realização que Belzebu comenta, nas declarações finais em "*All and Everything*":

> Agora, a única maneira de salvar os seres do planeta Terra seria implantar, mais uma vez, um novo órgão na essência deles, um órgão como kundabuffer, mas, desta vez com propriedades tais que cada um destes infelizes pudesse, constantemente, durante o processo de existência, sentir e ter conhecimento da inevitabilidade da sua morte e também da morte de todos aqueles sobre quem seus olhos ou sua atenção estão pousados.[21]

## ESSÊNCIA E PERSONALIDADE

Segundo Gurdjieff, cada ser humano nasce com uma natureza essencial. Esta "essência" não é uma *tábula rasa*, uma massa em branco ou amorfa, embora tenha áreas em branco nas quais as influências das experiências da vida imprimem suas marcas. É uma identidade individual real, com suas próprias tendências e predisposições, já colorida, no momento do seu nascimento, pela configuração das estrelas e dos planetas, e se ela não for sufocada, crescerá até chegar à idade adulta da autoconsciência. Neste processo — do mesmo modo que o filho do rei, o príncipe Dhat, da antiga alegoria sufi — praticamente todos nós caímos no estupor que é o estado de vigília comum e esquecemos nossa origem e nosso destino.

Uma criancinha age de um modo que reflete a verdade sobre seu ser. Ela não manipula; age em boa fé, por assim dizer. Mas, à medida em que a socialização tem início, a personalidade começa a formar-se e a criança aprende a modificar o seu comportamento, a fim de ajustar-se a padrões de conduta culturalmente aprovados. Este aprendizado se processa em parte através de um treinamento intencional, e em parte através de uma tendência natural para a imitação. Desse modo, como conseqüência inevitável do prolongado período de dependência social humana (e da ausência de repressões instintivas (que estão presentes nos animais inferiores), adquirimos conjuntos de hábitos, funções, gostos, preferências, conceitos, preconceitos e prevenções, desejos e necessidades; todos eles refletem família e meio cultural, e não necessariamente as predisposições e as tendências inatas. Estas coisas formam a personalidade. Um autor anônimo descreve esta situação, de maneira pungente:

> Como é possível perder uma individualidade? A traição, ignorada e inconcebível, começa na infância, com nossa secreta morte psíquica... é um perfeito crime duplo, no qual ele — isso não é apenas este simples assassinato de uma psique (sic) ... a pequenina personalidade toma parte, gradual e inadvertidamente. Não foi aceita *conforme ela é.* Oh, eles a "amam", mas querem que seja, ou forçam-na a ser, ou esperam que se torne diferente! Por conseguinte, *deve ser inaceitável.* Ela própria aprende a acreditar nisso, e por fim aceita tal coisa como verdade incontestável. Ela realmente se entregou. Não importa se presta obediência a eles, se

fica junto deles, se desobedece ou se se afasta — seu comportamento, sua atuação, isso é tudo o que importa. Seu centro de gravidade está "neles", não em si mesma — contudo, se chegasse a reparar nisso, pensaria que isso é bastante natural. E a coisa toda é inteiramente plausível; toda ela é invisível, automática e anônima!

Este é o paradoxo perfeito. Tudo parece normal; não houve intenção de cometer nenhum crime; não há cadáver, não há culpa. Tudo o que podemos ver é o sol nascendo e desaparecendo no poente, como de costume. Mas o que aconteceu? Ela foi rejeitada, não apenas por eles, mas, por si mesma. (Realmente, está sem uma personalidade.) O que perdeu? Simplesmente, a única parte verdadeira e vital de si mesma; seu próprio sentimento de auto-afirmação, que é sua própria capacidade de desenvolvimento, seu sistema básico. Infelizmente, porém, não está morta. A "vida" continua; portanto, ela deve continuar. A partir do momento em que se rende, e na medida dessa rendição, começa, sem ter nenhum conhecimento disso, a criar e manter uma pseudopersonalidade. Mas isto por pura conveniência — é uma personalidade sem desejos. Esta será amada (ou temida), enquanto ela é desprezada; será forte onde ela é fraca; executará todos os movimentos (oh, mas eles são caricaturas!), não para divertir-se ou por alegria, mas por sua sobrevivência; não simplesmente porque quer movimentar-se, mas porque precisa obedecer. Esta necessidade não é vida — não é a vida dela — é um mecanismo de defesa contra a morte. É, também, a máquina da morte. A partir desse momento será despedaçada por conflitos compulsivos (inconscientes) até ficar paralisada, cada momento, cada instante, anulando sua individualidade, sua integridade; e durante todo esse tempo está usando o disfarce de pessoa normal e todos esperam que se comporte como tal!

Numa palavra, eu digo que *ficamos* neuróticos buscando ter ou defendendo um pseudo-eu, um pseudo-sistema; e *somos* neuróticos ao ponto de não termos um eu.[23]

No melhor de todos os mundos possíveis, os hábitos adquiridos pela personalidade estariam à disposição da nossa natureza essencial e ajudariam o indivíduo a operar corretamente no contexto social no qual ele vive; este é o caso, sem dúvida, quando se trata de uma criatura realizada. Infelizmente, o indivíduo comum não tem capacidade para fazer uso da personalidade, a fim de levar a cabo seus desejos essenciais. Aquilo que é essencial só pode manifestar-se no mais simples comportamento instintivo e em emoções primitivas. O restante do comportamento é controlado, como já vimos, por uma progressão acidental de "Eus" que compõem a personalidade dele, ou dela. E a personalidade poderá, ou não, assemelhar-se à essência.

Pessoas que levam uma vida simples e próxima da natureza poderão desenvolver-se de um modo tal que a personalidade passa a ser uma parte mínima, ou elemento passivo, na sua constituição psicológica; são exceções raras num mundo em que cada adulto se apóia na personalidade, quase que totalmente, em qualquer coisa que faça para ganhar seu sustento: no seu comportamento público, nos seus relacionamentos íntimos, praticamente em todos os aspectos da vida cotidiana. Na maioria de nós, a personalidade é ativa e a essência é passiva; a personalidade determina nossas crenças, nossos valores, nossa profissão, nossas convicções religiosas e nossa filosofia de vida. A personalidade, não a essência, é responsável pela enorme quantidade de livros e artigos que enchem as bibliotecas do mundo, pois de fato são poucos os que falam da essência e para a essência; a personalidade cria quase toda a arte visual; ela fala nos mais elevados sentimentos dos homens de estado. A personalidade até mesmo projeta um Deus e dedica preces a essa projeção.

A essência é aquilo que é nosso. A personalidade é aquilo que não é nosso, que poderá ser mudado por intermédio da mudança de condições, ou que poderá ser artificialmente removido com hipnose, com drogas ou com exercícios especiais. Gurdjieff demonstrou isso, dramaticamente, aos seus primeiros discípulos, despojando, por um breve tempo e para fins de comparação, dois indivíduos de suas personalidades.[24] Aqueles que tiveram algum contato com drogas psicodélicas poderão ter experimentado a essência em si mesmo, ou observado a essência em outros, pois algumas substâncias psicodélicas poderão ter o efeito de anestesiar a personalidade por um breve espaço de tempo, fazendo com que a essência possa aparecer sem distorções.

## ESSÊNCIA E PERSONALIDADE COMPARADAS

| ESSÊNCIA | PERSONALIDADE |
|---|---|
| Inata | Adquirida |
| Aquilo que é do indivíduo | Aquilo que "não é do indivíduo" |
| A verdade num ser humano | Aquilo que é falso num ser humano |
| Desenvolve-se na individualidade da pessoa | Fornece a indicação necessária para o trabalho sobre o eu |
| É controlada pelo destino | Controlada por acidente |

Tudo isto não tem por fim dizer que a essência é sempre nobre e bela, enquanto a personalidade é uma crosta alienígena, formada por inúteis cracas culturais. De acordo com Gurdjieff, "regra geral, a essência de um homem é primitiva, selvagem e infantil, ou então, simplesmente estúpida".[25] As essências de muitas pessoas estão realmente mortas, muito embora estas pessoas continuem a viver uma vida aparentemente normal. O desenvolvimento da essência até que ela alcance a maturidade — quando então corporificará tudo o que é real e verdadeiro no ser de um indivíduo — depende do trabalho que esse indivíduo realiza em si mesmo, e esse trabalho pelo autodesenvolvimento depende do equilíbrio entre uma essência relativamente saudável e uma personalidade que não é esmagadoramente espessa — como no caso do "homem rico", que não pode entrar no céu. Ambas [essência e personalidade] são necessárias ao autodesenvolvimento, pois sem a aquisição de uma personalidade não haverá o desejo de atingir estados de consciência mais elevados, não haverá insatisfação com a existência cotidiana; e sem essência não haverá uma base para o desenvolvimento.

*A natureza mais elevada do homem repousa sobre a natureza mais baixa do homem, precisando dela como alicerce e ruindo sem este alicerce.*

Abraham Maslow

*Cada Homem Aperfeiçoado é, num sentido, igual a qualquer um dos outros. Isto significa que, corretamente sintonizado por meio da energia da Escola, um discípulo pode entrar em comunicação com todos os Grandes, assim como estes estão em comunicação uns com os outros, através do tempo e do espaço...*

*Os deveres e práticas da Escola formam um todo; a Verdade, a maneira de ensinar e os participantes formam* a mão, *na qual o ignorante poderá ver apenas as dissimilaridades dos dedos, mas não a ação combinada da mão em si.*

Bahaudin Naqshband

# IV

## POSSIBILIDADES HUMANAS

Embora o quadro da condição humana comum, conforme é apresentado por Gurdjieff, possa parecer algo absolutamente tenebroso, as esperanças não estão de todo perdidas. As qualidades que atribuímos a nós mesmos, através da imaginação e da mentira, podem ser realmente alcançadas; pode haver um "Eu" verdadeiro e imutável, pode haver uma ação que não é reação — as virtudes e a compreensão da grande perfeição não estão inteiramente fora do nosso alcance.

Todo o ser humano nasce com o mesmo direito de evoluir; contudo, há graus perceptíveis de potencial para desenvolvimento interior. O Homem Número Um é um pouco menos permeável que o Homem Número Dois aos tipos de influências que atraem as pessoas para o trabalho interior; e, por sua vez, o Homem Número Dois não tem tanta possibilidade, quanto o Homem Número Três, de preocupar-se com estas mensagens. Encarando as possibilidades de realização espiritual, do ponto de vista da atitude, se um indivíduo comum pretende começar a ter percepção do potencial humano total, é importante que seja um "bom chefe de família", melhor do que um "vagabundo" ou um "lunático". Um bom chefe de família é uma pessoa que tem competência, que tem uma boa orientação na vida, que é capaz de cumprir o seu dever — e que já não acredita plenamente nas metas e objetivos da vida, conforme definidos pela cultura. Um vagabundo é alguém que não acredita em quase nada, que não pode ou não quer viver de acordo com as responsabilidades. Os vagabundos são mais razoáveis do que os lunáticos, que pensam que podem fazer, pensam que sabem, acreditam em irrealidades. Os lunáticos estão cheios do seu próprio entendimento falso e conhecimento imaginário, e estão por demais fascinados por sua própria fantasmagoria para poderem enxergar qualquer outra coisa — um estado de existência que levou um mestre Zen a responder, derramando mais e mais chá na taça do seu visitante, até ensopar a mensagem contida; para que o *dharma* possa ser recebido, nossa taça deve ser esvaziada. Cada um de nós, por assim dizer, tem no seu íntimo um vagabundo e um lunático que, por meio das suas atitudes antagônicas ou complacentes, oferecem resistência ao desenvolvimento pessoal. Falando do camponês russo, ou *obyvatel*, como exemplo típico da atitude do bom chefe de família, Gurdjieff explicou:

> Pessoas que pensam com determinação a respeito de caminhos, em particular pessoas de caminhos intelectuais, freqüentemente olham o *obyvatel* com superioridade, e em geral desprezam as virtudes do *obyvatel*. Mas com isto apenas mostram sua própria inadequabilidade pessoal para qualquer caminho, seja ele qual for. Porque nenhum caminho pode começar de um nível mais baixo do que o nível do *obyvatel*. Freqüentemente, isto não é percebido pelas pessoas que são incapazes de organizar sua própria vida particular; que são fracas demais para lutar com a vida e conquistá-la; que sonham com caminhos ou com aquilo que acham que são caminhos, porque pensam que estes serão mais fáceis do que a vida e, por assim dizer, justificarão sua fraqueza e sua inadaptabilidade. Do ponto de vista do caminho, um homem que pode ser um bom *obyvatel* é muito mais útil do que um "vagabundo" que se julga muito mais elevado do que um *obyvatel*. Chamo de "vagabundos" todos os pretensos intelectuais — artistas, poetas, quaisquer tipos de "boêmios" em geral, que desprezam o *obyvatel* e que, ao mesmo tempo, não seriam capazes de existir sem ele. Do ponto de vista do trabalho, a capacidade de auto-orientação é uma qualidade muito útil. Um bom *obyvatel* será capaz de sustentar, com seu trabalho, no mínimo vinte pessoas. Qual é o valor de um homem que não é capaz de fazer isso?

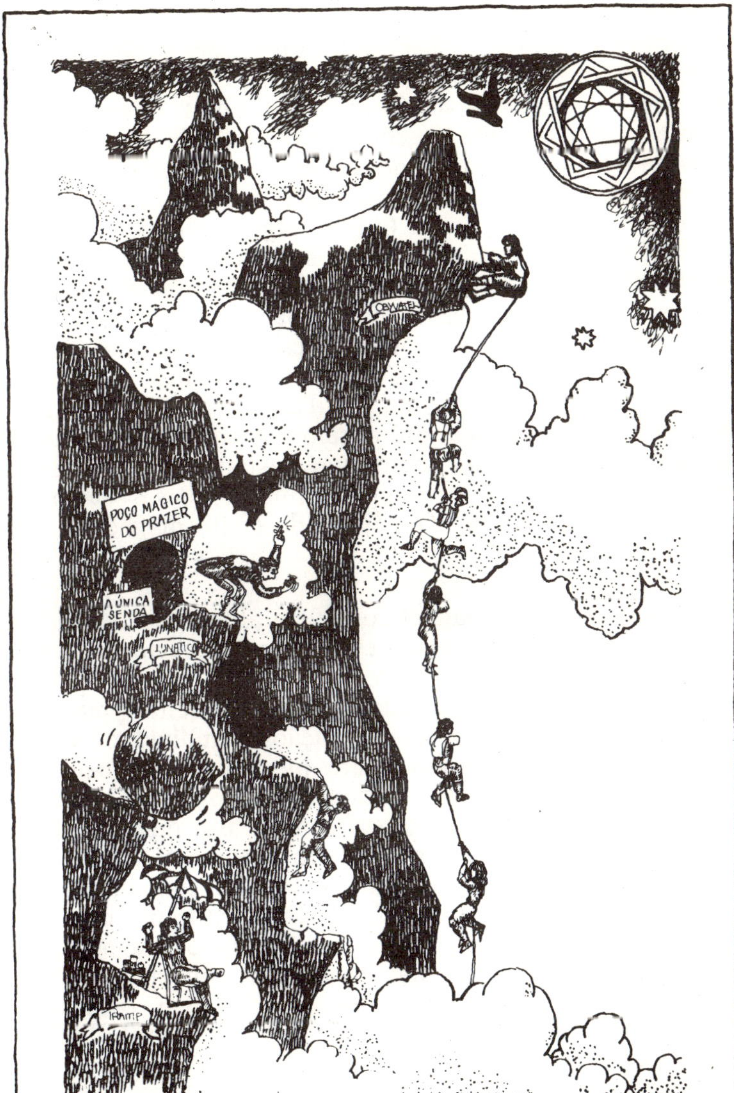


Todo ser humano nasce com o mesmo direito e capacidade de evoluir — mas alguns têm mais possibilidade de fazer isso do que outros.

Além de ser capaz de fazer as coisas comuns, como alicerce sobre o qual as coisas extraordinárias podem manifestar-se, o indivíduo deve encontrar dentro de si mesmo uma atração pelo autodesenvolvimento. Gurdjieff chama isto de *centro magnético*. Toda pessoa cresce rodeada de influências vindas de dentro da vida, e de outras influências que emanam de fontes de origem consciente, fora da vida normal. Estas influências, vindas de cima (ou de algum círculo secreto de seres humanos) começam a reunir-se dentro de um indivíduo e, eventualmente, se sua quantidade é bastante, desenvolvem massa suficiente, por assim dizer, para afetar a orientação, para produzir uma sensação de necessidade de autodesenvolvimento ou, pelo menos, um descontentamento vago. Então, os valores e objetivos da vida cotidiana se transformam num contexto para uma busca, um anseio por certo tipo de leitura, uma inclinação cada vez maior para estar em companhia de pessoas que também se preocupam com tais coisas. Ouspensky cita a descrição, feita por Gurdjieff, do efeito magnético sobre a orientação pessoal:

> Se o centro magnético recebe alimentação suficiente e se não há uma forte resistência da parte dos outros lados da personalidade de um homem, que são o resultado de influências criadas na vida, o centro magnético começa a influenciar a orientação do indivíduo, obrigando-o a dar meia volta e até mesmo a mover-se numa determinada direção. Quando o centro magnético atinge força e desenvolvimento suficientes, um homem já compreende a idéia de um caminho e começa a procurar o caminho. A busca do caminho poderá consumir muitos anos e poderá levar a nada. Isso depende das condições, das circunstâncias, da força do centro magnético, da força e da direção das tendências internas que não estão envolvidas nestas buscas e podem desviar um homem justo no momento em que a possibilidade de encontrar o caminho aparece.

Se se trata de uma pessoa afortunada, aquele que começou a procurar poderá vir a conhecer uma outra pessoa que tem um conhecimento verdadeiro acerca de como efetuar o desenvolvimento. Então ele, ou ela, passa a ser dominado por um terceiro tipo de influência; aquela que só pode ser transmitida pessoalmente, de mestre para discípulo. Começa, então, um curso de instrução que poderá conduzir à harmonia e à unidade interiores, aos estados alterados e a níveis de existência mais e mais elevados.

## OS QUATRO CAMINHOS

Quando nos orientamos para a bondade, a beleza e a verdade, e nos colocamos em linha com aquilo que emana de fontes mais conscientes do que o normal, as abordagens religiosas tradicionais são três. Na importância relativa, ou ênfase dada às três funções, estas sendas, ou caminhos, correspondem aos três tipos de seres humanos comuns, o Homem Número Um, o Homem Número Dois e o Homem Número Três. Estes caminhos tradicionais são:

1 — O caminho do faquir
2 — O caminho do monge
3 — O caminho do iogue

O faquir desenvolve o poder de dominar o pavimento mais baixo, o corpo físico, suportando exercícios ou posturas físicas tortuosas. Alguns faquires assumem posições dolorosas, tais como ficar em pé sobre uma perna só ou manter-se equilibrado sobre os dedos e pontas dos pés, e sustentam essas posições durante anos. Assim fazendo, fortalecem a vontade. O caminho do faquir não exige muito conhecimento. Os discípulos permanecem, simplesmente, nas vizinhanças de alguém que atingiu tal grau e aprendem por imitação. Se um faquir adquire, realmente, uma vontade inflexível, ainda terá que desenvolver as outras duas funções básicas, e algumas vezes isso será possível se ocorrer o caso, raro, de ser encontrado e adotado por um mestre perito.

O caminho do monge é o caminho da devoção, do sacrifício religioso e da fé. Neste caminho, que atrai o Homem Número Dois, o centro emocional é o foco de trabalho. Quando todos os desejos mesquinhos são subjugados pelo amor a Deus, as emoções são transcendidas e o autodomínio é alcançado. Não obstante, mesmo quando este estado de existência é alcançado, o monge não passará de um "santo tolo" se não seguir adiante, a fim de desenvolver as funções físicas e intelectuais correspondentes.

O caminho do iogue é o caminho do conhecimento, a senda que o Homem Número Três acha mais adequada. Mais uma vez, embora o iogue alcance a compreensão total esse conhecimento será impotente e estéril sem as outras funções que estão no mesmo nível. Para que a unidade seja alcançada, novos esforços e novos estudos terão que ser realizados em prosseguimento.

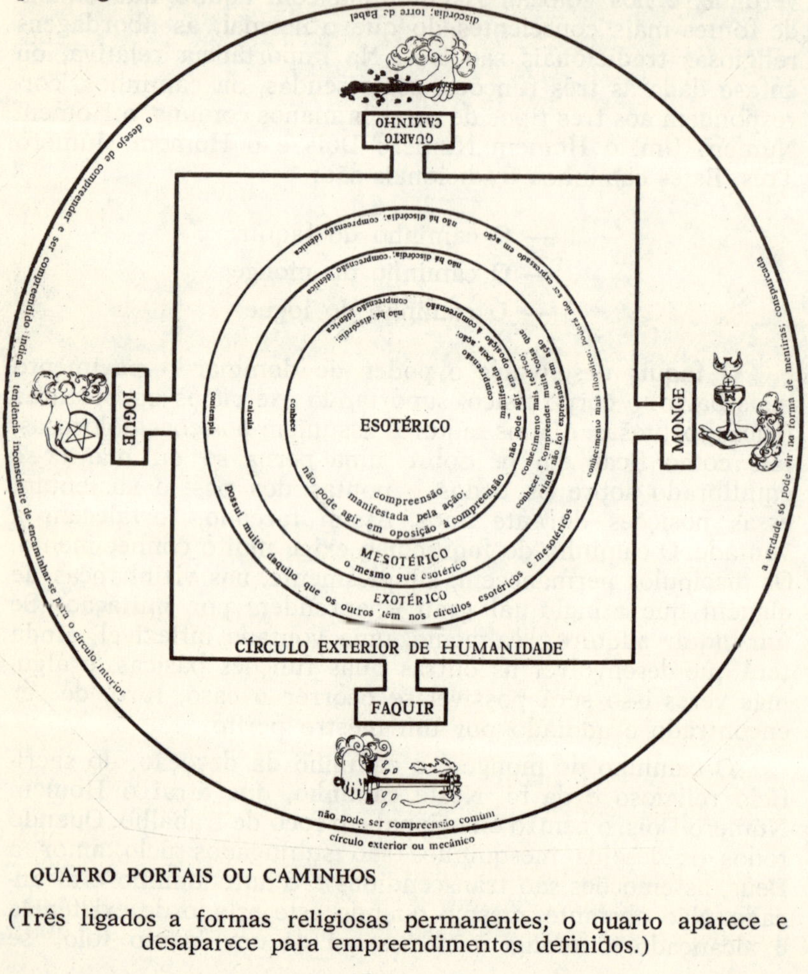


QUATRO PORTAIS OU CAMINHOS

(Três ligados a formas religiosas permanentes; o quarto aparece e desaparece para empreendimentos definidos.)

O faquir, o monge e o iogue devem renunciar ao mundo, abster-se de de uma vida familiar e devotar todas as suas energias ao desenvolvimento pessoal. No princípio de cada um destes caminhos, no início do trabalho, o indivíduo deve voltar as costas para o mundo e morrer para o passado.

Há um outro caminho, o quarto caminho, para aqueles que querem permanecer "no mundo, mas, não pertencer ao mundo". Ao contrário dos caminhos religiosos tradicionais, o quarto caminho não tem instituições permanentes. Aparece e desaparece, de conformidade com a hora, o lugar e as pessoas. Ao seguir esta forma de aproximação da auto-realização, aquele que a procura, renuncia à renúncia. O trabalho é realizado, simultaneamente, nos três pavimentos da "fábrica de alimentos"; desse modo, *quando* e *se* o objetivo final for alcançado, já foi alcançado em todas as três funções ao mesmo tempo. Porque utiliza as situações da nossa própria vida, sem exigir mudanças exteriores, esta é uma senda possível para todos os tipos de pessoas. O trabalho de Gurdjieff segue a tradição das escolas do quarto caminho.

Os nomes dados ao quarto caminho não precisam ser desorientadores para os estudiosos da religião do mundo, se nos lembrarmos de que o fato de uma determinada seita ou tradição pertencer a um ou a outro dos caminhos não depende da circunstância dos adeptos darem a si mesmos o título de monges ou de iogues, mas sim, da predominância relativa dos centros. Embora chamado de monge, um monge Zen meditando sobre um *koan* está seguindo o caminho do iogue; aqueles que praticam a *bhakti ioga*, cantando em êxtase aos pés do guru, estão no caminho do monge.

Cada um dos quatro caminhos poderá levar o aspirante — tirando-o das complexidades *samsáricas* e dos sofrimentos do estado de vigília comum (o pão de cada dia das massas de gente, que formam aquilo que poderia ser chamado de círculo exterior de humanidade) — para o reino dos seres aperfeiçoados: o círculo interior, formado por aqueles que já chegaram. Embora, pela própria natureza do mundo vulgar, cada um dos caminhos tenha que transmitir os ensinamentos de uma forma deturpada (pois é só assim que isso pode ser ouvido no mundo de mentiras e confusões), há um entendimento perfeito entre aqueles que conseguiram chegar, qualquer que possa ter sido o seu caminho. A entrada no círculo interior significa um desenvolvimento adicional na comunhão com seres iguais, e um fim para a incerteza e a discórdia.

## ESTADOS DE CONSCIÊNCIA MAIS ELEVADOS

Além do estado de sono e do estado de vigília, que se alternam na vida de quase todas as pessoas, há outros modos de existência possíveis, estados nos quais a percepção é clara e sem distorções, a emoção é vasta e irrestrita e a ação está além do princípio do prazer. Estes estados são naturais para os seres humanos, que deles foram privados em favor de complexidades psicológicas — basicamente, como já vimos, por meio de um obscurecimento da consciência, adquirido por infecção cultural na primeira infância. Gurdjieff diferencia dois níveis de consciência funcionando acima da consciência comum; a autoconsciência e a consciência objetiva.

A autoconsciência manifesta-se de forma espontânea e por breves momentos, que freqüentemente deixam atrás de si recordações de uma nitidez particular. Estes são os momentos sublimes que podem ocorrer em situações de grande perigo, de intensa emoção ou tensão extraordinária. Então, a atenção é clara, imparcial e relativamente completa, e está dividida entre o eu do indivíduo e o ambiente que o rodeia, de modo que a ação se desenrola espontaneamente, de maneira correta e, às vezes, até mesmo de maneira heróica. A autoconsciência também pode transformar-se numa forma de existir. Em seu desenvolvimento há muitos níveis. Ela começa com uma divisão em dois, conforme uma parte da atenção é dedicada ao próprio indivíduo e outra parte fica disponível para a percepção do ambiente ao seu redor. Na sua forma mais completa, a restrição básica do ego está ausente, produzindo uma qualidade peculiar de experiência que Mme Ouspensky descreve da seguinte maneira:

> Qual é a primeira característica da auto-recordação? Neste estado o homem não é o centro. Ele não está separado. Sentado numa sala, tem percepção da sala inteira, e de si mesmo como sendo apenas um dos objetos que ela contém. Do mesmo modo, ele tem percepção das outras pessoas e não se coloca acima delas e nem as critica ou julga. Isto não é amor, mas é o começo

Em adição ao sono e ao estado de vigília, que se alternam na vida de quase todas as pessoas, há outros estados de consciência possíveis.

do amor. Neste estado, o homem não tem personalidade da forma como normalmente tem consciência dela. Para ele é absolutamente impossível considerar ou tornar-se negativo, pois assim que o fizer o estado se desvanecerá.[3]

Acima da autoconsciência há um estado mais elevado, a consciência objetiva, que também ocorre espontaneamente, em manifestações súbitas e passageiras. Tais momentos são "experiências culminantes" da vida — ou são completamente esquecidas, conforme os centros inferiores caem na inconsciência para proteger, da insuportável energia superior, o delicado maquinismo do corpo. Durante os estados de consciência objetiva, os centros superiores estão em ligação com os centros ordinários. O indivíduo está totalmente harmonizado com as leis cósmicas e tem percepção delas. A cognição tem "límpida clareza e consumada perspicácia", conforme descreve Long-chen-pa.[4] O indivíduo compreende. O indivíduo sabe.

## ESTADOS DE CONSCIÊNCIA

| | |
|---|---|
| CONSCIÊNCIA OBJETIVA | O "estado de iluminação"... as coisas parecem *ser conforme são*... Resultado do desenvolvimento interior e de um prolongado trabalho na individualidade... pode acontecer com todas as pessoas, em manifestações súbitas e breves. |
| AUTO-CONSCIÊNCIA | O único caminho para o desenvolvimento de uma consciência permanente... Pode ser adquirida pelos seres humanos comuns, assim como a individualidade, a vontade, a capacidade de realizar... Com as pessoas comuns ocorre em manifestações súbitas e passageiras, sem trabalho. |
| ESTADO DE VIGÍLIA COMUM | Quase inteiramente subjetivo... Pode ser ativo — mas tudo *acontece*... É caracterizado pela identificação, pela mentira, pelo automatismo, pela consideração, pela deficiência emocional... mais perigoso do que o sono comum. |
| SONO COMUM | Inteiramente subjetivo... As conexões entre os centros estão parcialmente desligadas... Caracterizado por passividade, imersão em sonhos. |

Juntamente com o *saber*, vem uma extática ou bem-aventurada qualidade de jubilosa aceitação. Esta condição também pode tornar-se um estado sempre presente.

A maioria de nós provou este estado, mas para alguns ele poderá ter sido seguido por inconsciência e amnésia, quando os centros inferiores se apagaram temporariamente. Por ser esse estado a mais rara e a mais valiosa das experiências humanas, dedicaremos a ele bastante atenção. Servirá de introdução um relato, feito por um dos discípulos de Gurdjieff, de uma experiência que ocorreu quando esse discípulo estava passando o verão em Taliesin — a comunidade arquitetural inspirada em Gurdjieff:

> Foi durante o verão que eu tive a primeira experiência, profunda e vívida, de consciência mais elevada. As três experiências anteriormente ocorridas, deste inesperado impacto de forças superiores, foram uma amostra da verdadeira consciência do eu. Esta foi diferente. Num dia quente, saí de casa e estava atravessando os campos para banhar-me no rio Wisconsin. Mais ou menos no meio do caminho, uma estranha e maravilhosa força começou a penetrar em mim, a impregnar todo o meu ser e a encher-me de luz e força. Parei, fiquei imóvel e deixei a força fluir. Embora tivesse percepção daquilo que estava ao meu redor — a floresta, os campos e o sol — tudo era apenas um pano de fundo para a minha experiência interior; todas as ansiedades e preocupações da vida comum desapareceram; ao mesmo tempo, vi a mim mesmo e vi minhas relações com as pessoas, com absoluta clareza; vi o desenho da minha vida, meu organismo movendo-se como se estivesse percorrendo o caminho que lhe fora designado. O tempo já não existia e a compreensão da vida como um todo pareceu-me possível. Foi como se, por alguns poucos instantes, eu tivesse penetrado na minha vida real; a a vida exterior, que antes me parecera tão importante e tinha tomado todo o meu tempo, não era a vida real, mas apenas algo efêmero, uma espécie de filme cinematográfico com o qual eu estava identificado. Apenas o algo interior era eterno — eu, o meu ser real. EU SOU.[5]

A possibilidade de alcançar a consciência objetiva existe para aqueles que estão seguindo qualquer um dos quatro caminhos. Há uma sensação de interpretação de todas as coisas — São João da Cruz fala de ser "ferido pelo Cristo" — e uma sensação de participação numa realidade que transcende o tempo e o espaço, mas ainda assim parece estar dentro deles. Quando pediram a Rabia, a grande Santa do Islam, para vir e deliciar-se na beleza da criação, ela replicou que estava olhando para dentro, para deleitar-se no Criador. Eis aqui o relato de uma jornada para o interior, feito por uma partidária de Sri Aurobindo, a Mãe:

> ... Para encontrar a alma temos que deixar a superfície, temos que nos afastar para bem fundo no nosso íntimo e entrar, entrar, descer, descer num poço muito profundo, silencioso e calmo; e lá, então, há algo cálido, tranqüilo, rico em conteúdo, muito sereno, muito perfeito, como uma fragrância: a alma. E se persistimos e estamos conscientes de nós mesmos, vem uma espécie de plenitude que dá a impressão de alguma coisa completa, que contém insondáveis profundidades. E sentimos que se entrássemos ali, muitos segredos seriam revelados, como reflexos de algo que é eterno em águas silenciosas e calmas. E os limites do tempo já não existem. Temos a impressão de que sempre fomos e de que seremos por toda a eternidade.[6]

Este outro relato vem dos dias que justamente antecederam a transformação de Krishnamurti:

> Havia um homem consertando a estrada; aquele homem era eu; a picareta que ele segurava era eu; a própria pedra que ele estava quebrando fazia parte de mim; a tenra folha de relva era meu próprio ser; e a árvore junto ao homem era eu mesmo. Eu quase podia sentir e pensar o mesmo que o homem que reparava a estrada; podia sentir o vento passando através da árvore e podia sentir a formiguinha na folha de grama. Os pássaros, a poeira e o próprio ruído eram parte de mim. E justo nesse momento havia um carro passando a certa distância; eu era o motorista, o motor e os pneus; conforme o carro foi se afastando de mim cada vez mais, eu estava me distanciando de mim mesmo. Eu estava em tudo, ou melhor, tudo estava em mim, o animado e

o inanimado, a montanha, o verme e todas as coisas que respiravam. Durante todo o dia permaneci nesta venturosa condição. [7]

Esta experiência é freqüentemente descrita como estando relacionada com luz, iluminação, esclarecimento. Eis aqui um relato, num contexto cultural diferente, feito pelo santo indiano contemporâneo, Swami Muktananda Paramhansa:

> Neste momento eu estava meditando como anteriormente. De repente o Senhor Nityananda deu uma sacudidela interior. Imediatamente os raios da aura vermelha cintilaram nos meus setenta e dois mil nervos e inumeráveis partículas sangüíneas. A chama branca apareceu junto com seu apoio, a luz negra; e depois a querida, a amada Pérola Azul, o fundamento de tudo! No mesmo instante minha meditação tornou-se mais intensa. O foco da minha visão dirigiu-se para cima. Enquanto eu estava olhando fixamente para a pequenina Pérola Azul, ela começou a se expandir em todas as direções, espalhando sua radiância azul. Toda a região, da terra até o céu, foi tomada por aquela irradiação. Já não era mais a Pérola, tendo se ampliado até transformar-se na brilhante e faiscante Luz infinita. Isto foi designado, pelos autores das escrituras ou pelos videntes da verdade mais sublime, de luz consciente de Chiti. Eu vi, realmente, o universo surgir desta luz que se expandia, como nuvens de fumaça surgindo de uma fogueira. O cosmos apareceu na luz consciente e a luz consciente apareceu no cosmos, como fios num tecido e o tecido em fios. Assim como a semente cresce e se torna uma árvore, lançando ramos, folhas, flores e frutos, assim também a mesmíssima Chiti se transforma, no seu próprio ser, em aves e animais, germes e insetos, anjos e demônios, homens e mulheres. Percebi a refulgente, a divinamente bela luz consciente pulsando calmamente, com suprema alegria, em todas as partes, dentro e fora, em cima e em baixo. Embora meus olhos estivessem abertos, eu estava em meditação. Como um mergulhador que afunda na água, é cercado de água, e há somente água, por todos os lados, assim também eu estava totalmente envolvido por aquela luz consciente. Neste estado, o universo se desvaneceu e

contemplei o puro resplendor surgindo em toda a minha volta...[8]

Como exemplo final aqui está uma experiência vívida, relatada por um budista solitário, que estava praticando na Nova Zelândia, fazendo uso de informações que vislumbrara em livros:

> ... tomei o *kung an* "Todas as coisas podem voltar para o Um; para onde o Um retorna?" e mantive-o com firmeza. No princípio, a mente estava cheia de pensamentos, mas, gradualmente uma mudança aconteceu, até que pude deixar minha mente limpa de tudo, exceto o *kung an*. Então, não pude ir mais além. Todavia, estava determinado e afastei-me para a solidão das montanhas, onde caminhei e trabalhei até ficar fisicamente exausto, sempre mantendo, durante todo o tempo, o *kung an* em minha mente. Então, um dia parei junto a um rio e sentei, exausto. De repente ouvi, não com meus ouvidos — segundo me pareceu — o suspiro do vento nas árvores. Imediatamente, passei do meu estado de exaustão para um estado de relaxamento tão absoluto que me senti aberto para todo aquele fluxo que se derramava sobre, ao redor e através do meu corpo. Uma luz ou eletricidade incandescente (embora não houvesse objetos desse tipo) gotejava de todas as coisas e era como se eu estivesse vendo todo o cosmos surgir, em fusão, ininterruptamente, para a existência. Como pode haver tanta luz? Camadas e camadas de luz sobre luz. Tudo é iluminação. A impressão dominante foi a de entrar na própria essência da existência — nada de formas, nada de personalidades, nada de divindades, somente bem-aventurança.[9]

Estados semelhantes à consciência objetiva também são relatados por aqueles que fazem experiências com drogas que alteram a mente. De acordo com Gurdjieff, as drogas podem ser úteis no que diz respeito a dar uma amostra do que são estes estados, mas a consciência objetiva só pode ser autenticamente alcançada através do desenvolvimento cuidadoso da autoconsciência permanente. Somente então este estado pode vir a ser uma forma de existência duradoura e invulnerável.

## OS ESTÁGIOS DO DESENVOLVIMENTO HUMANO

Em adição aos três tipos humanos, que já classificamos segundo a predominância do pensamento, do sentimento ou do funcionamento instintivo-motor, há possibilidades mais elevadas para o desenvolvimento do homem. Os Homens Números Um, Dois e Três nascem desse modo, mas os níveis de seres humanos mais elevados — isto é, Homens Número Quatro, Cinco, Seis e Sete — sempre são o resultado de esforços que levaram à realização, esforços feitos em um dos caminhos.

Não importa qual a predisposição nativa do indivíduo; com trabalho e boa sorte o primeiro salto quântico é para o estado chamado Homem Número Quatro. O Homem Número Quatro tem um centro permanente de gravidade que consiste na determinação de desenvolver-se, um objetivo em torno do qual o restante da sua vida agora orbita. Este é o início da verdadeira evolução. Os centros estão começando a operar equilibrada e harmoniosamente. No indivíduo, começa a existir um conhecimento real acerca de si próprio, e ele está começando a compreender para onde está indo.

O Homem Número Cinco atingiu a maturidade interior por meio da cristalização de um "Eu" permanente. Já não há qualquer retrocesso, exceto se ele tiver que passar pelo doloroso processo de desfazer a cristalização, no raro evento de esta ter ocorrido sobre uma base errada, pelo fato de não ter sido primeiro um Homem Número Quatro. Tal cristalização incorreta produz os indivíduos "*hasnamuss*", cuja capacidade real de "realizar" é inevitavelmente distorcida por um ego pessoal que não foi suficientemente domesticado e causa sofrimento a outros. Contudo, se a cristalização acontece de maneira correta, um indivíduo que está neste nível de desenvolvimento é incomensuravelmente diferente das pessoas comuns, na capacidade de saber profunda e claramente e de agir à luz da verdadeira compreensão.

Os mais altos níveis de realização representam tudo o que podemos ter esperança de ser. O Homem Número Seis possui todos os atributos do Homem Número Sete, exceto que alguns deles não são permanentes. O Homem Número Sete possui todas as qualidades que um ser humano pode possuir; vontade, consciência total, um "Eu" permanente e imutável, individualidade e imortalidade.

## OS SETE NÍVEIS DE DESENVOLVIMENTO HUMANO

7 Vontade, Consciência, "Eu" permanente e imutável, Individualidade, Imortalidade.

6 As mesmas qualidades do nível 7, muito embora algumas não sejam absolutamente permanentes. Conhecimento completo — mas este conhecimento ainda pode ser perdido.

5 Tem unidade; já está cristalizado. Não pode retroceder acidentalmente para os níveis de desenvolvimento anteriores. Conhecimento completo e indivisível; o que é sabido é sabido com a totalidade do ser.

4 Centro permanente de gravidade nas idéias, na avaliação e na relação com o trabalho interior. Os centros vão adquirindo equilíbrio. Ele começa, realmente, a observar o seu eu e a conhecer o objetivo. Já está recebendo conhecimento proveniente de níveis mais elevados e está começando a libertar-se dos elementos subjetivos.

3
Centro de gravidade no centro intelectual; tudo, desde teorias até construções mentais. Quer provas e sistemas.

2
Centro de gravidade no centro emocional. Conhecimento das atrações e repulsões, das preferências e aversões. Quer algo agradável ou, se é doente, algo repulsivo.

1
Centro de gravidade no centro instintivo-motor; conhecimento por imitação e instinto. Quer a satisfação dos desejos e quer conforto.

## EVOLUÇÃO, MORTE E IMORTALIDADE

A imortalidade é possível para o ser humano somente até o grau em que ele desenvolveu outras corporificações de si mesmo, além do corpo físico comum. Muitas tradições esotéricas descrevem o desenvolvimento espiritual em termos de quatro corpos, cada um mais sutil e refinado do que o último, e tendo todos eles uma relação recíproca definida.

Na doutrina de Gurdjieff, o primeiro corpo é o corpo físico familiar, que cada ser humano identifica como ele mesmo. Na terminologia cristã, este é o *corpo carnal*. É tudo o que o indivíduo possui, quando não trabalha em seu próprio desenvolvimento; quando a morte ocorre, esse corpo volta para o pó.

Sob certas condições, às vezes um segundo corpo, *chamado corpo astral,* ou chamado, por Gurdjieff, de corpo *kesdjan,* desenvolve-se dentro do corpo físico. Não é absolutamente necessário que uma pessoa tenha este novo corpo e, de fato, é possível demonstrar um grande desenvolvimento intelectual e emocional — e até mesmo espiritual — sem possuir um. O corpo *kesdjan* é algo assim como um luxo. O corpo físico tem todas as funções do corpo astral, ou funções análogas às dele, e de todos os corpos mais evoluídos. Pode trabalhar com as mesmas energias e processa aproximadamente as mesmas substâncias. A diferença está em que, embora o corpo físico possa utilizar estas energias e substâncias, elas passam através dele mas não são, por assim dizer, possuídas por ele. As funções do corpo físico governam o processamento e, por sua vez, estão sob o controle das leis gerais. Não existe vontade. Reação é tudo o que é possível para uma pessoa que tem apenas o corpo físico, embora o repertório de reações possa parecer, para aqueles que são inexperientes em evolução, tão sutil e harmônico quanto as ações de uma pessoa muito mais evoluída.

O terceiro corpo está relacionado com o funcionamento intelectual, com a abertura da faculdade de pensar mais elevada. É chamado de corpo espiritual ou *mental.* O quarto é o corpo causal ou *divino,* e está relacionado com o funcionamento de todos os centros, harmônica e intencionalmente. Apenas o Homem Número Sete, que desenvolveu todos os

Gurdjieff compara o ser humano a um cocheiro dirigindo uma carruagem de aluguel puxada por um cavalo. Quem é o amo?

## OS QUATRO CORPOS E...

| | |
|---|---|
| ABSOLUTO | |
| TODOS OS MUNDOS | 3 LEIS |
| TODOS OS SÓIS | 6 LEIS |
| NOSSO SOL | 12 LEIS |
| TODOS OS PLANETAS | 24 LEIS |
| TERRA | 48 LEIS |
| LUA | 96 LEIS |

## ...O RAIO DE CRIAÇÃO

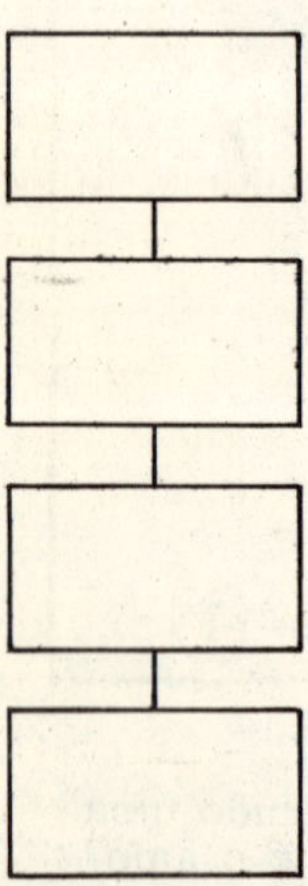

QUARTO CORPO

Corpo Divino ou Causal, Eu, Consciência, Vontade

TERCEIRO CORPO

Mente, Corpo Mental ou Espiritual

SEGUNDO CORPO

Corpo Astral ou Corpo *Kesdjan*, Sentimentos, Desejos

PRIMEIRO CORPO

Corpo Físico ou Carnal

quatro corpos, pode ser chamado, na expressão de Gurdjieff, de "homem sem aspas".

Gurdjieff compara o ser humano, com seus pensamentos, sentimentos e fisiologia, a um cocheiro dirigindo uma carruagem de aluguel puxada por um cavalo. A carruagem é análoga ao corpo físico. As emoções são o cavalo, e o cocheiro — vestindo um capote surrado, usando um chapéu alto, novinho em folha, "uma réplica exata do chapéu de Rockefeller", e ostentando na botoeira um crisântemo gigante — representa o aparelho pensante. Também há um passageiro na cabina, que alugou a carruagem: é qualquer "Eu" que esteja presente no momento. Embora a carruagem possa ser um modelo último tipo, está à mercê do cocheiro, que nunca a entendeu e por isso mesmo nunca soube limpá-la adequadamente. Embora a carruagem tenha sido preparada para uma autolubrificação quando em movimento, à medida que os sacolejões e choques dos atalhos espalham o óleo ao redor das suas partes móveis, as rodovias planas de hoje em dia tornam improvável este tipo de lubrificação. O cavalo, diz Gurdjieff, mal chega a ter um pouco de compreensão das palavras e dos sinais do cocheiro; e, pior ainda;

> ... jamais recebeu qualquer educação especial, porém foi moldado exclusivamente sob a influência de espancamentos constantes e abusos infames. Sempre ficou amarrado. Como alimento, em vez de aveia e feno, deram-lhe apenas palha, que não tem nenhuma utilidade para suas necessidades reais. Não tendo nunca vislumbrado, em qualquer das manifestações que lhe tinham sido dirigidas, nem o mais pequenino gesto de amor ou amizade, o cavalo agora está pronto para submeter-se completamente a qualquer um que lhe faça a mais leve carícia. [10]

O cocheiro de praça fica sentado na boléia, sonolento, pronto para ir a qualquer lugar, a mando de qualquer pessoa que lhe ofereça um pagamento pela viagem (desde que esta não lhe dê muito trabalho), e para ir a qualquer lugar, sem exceção, pelo preço da corrida e mais uma gorjeta.

Olhando para esta analogia do ponto de vista do que um ser humano poderia vir a ser, a carruagem corresponde ao corpo físico, o cavalo ao corpo astral, o cocheiro ao corpo mental, e o passageiro ao corpo divino, ou amo, que, ao contrário de qualquer transeunte que poderia alugar a carruagem, naquele momento é dono dela e é quem mantém e dirige o veículo. O indivíduo comum é igual a um autômato, cujas ações, desejos e pensamentos são produtos de estímulos do meio que o rodeia, e em conseqüência disso é atormentado pelo conflito interior de "vontades" contraditórias. O comando do controle vai do mundo exterior para o interior. O desenvolvimento de todos os corpos superiores, inverte a direção do controle; o "Eu" permanente, ou amo, é obedecido pela mente e pelas emoções, e o corpo, por sua vez, obedece aos pensamentos e aos sentimentos.

Visto em termos de raio de criação, o primeiro corpo é criado com os materiais deste planeta e, em resultado disso, está destinado a retornar à terra. O segundo corpo é feito de um material de qualidade mais fina, aquela do nível 24, e pode perdurar após a morte do corpo físico, mas rigorosamente falando, não é imortal. Ele será sobrevivido pelo terceiro corpo, no caso de existir um terceiro corpo. O quarto corpo é imortal dentro dos limites do sistema solar, uma vez que é composto de materiais que não pertencem ao sistema solar, mas, ao nível que está além deste. Portanto, uma pessoa poderá ser imortal e outra estará destinada à desintegração total na ocasião da morte. Tudo depende do nível de desenvolvimento interior.

A possibilidade de níveis de imortalidade relativa, fundamentados no trabalho interior, evoca a idéia da reencarnação ou recorrência, que afirma, em muitas versões (dependendo do contexto teológico ou cosmológico no qual estão implantadas), que alguma coisa em cada ser humano deve retornar de novo, vida após vida, até que todas as tendências e predisposições psicológicas tenham sido completamente neutralizadas. Muitas vezes Gurdjieff foi brusco e mostrou-se pouco disposto a falar sobre este assunto, visto que esta questão tem mais o sabor de jogos de encaixe intelectuais do que importância prática. Certa vez, Ouspensky pediu-lhe, com insistência, que fizesse uma declaração sobre o assunto.

> "A idéia da repetição", disse G., "não é a verdade total e absoluta, mas é a maior aproximação possível da verdade. Neste caso, a verdade não pode ser manifestada com palavras. Mas o que você diz está muito perto dela. E se você compreender por que não falo sobre isso, estará ainda mais perto dela. De que adianta um homem saber a respeito da repetição se não tem consciência dessa repetição e se ele próprio não muda? Podemos até mesmo dizer que, se um homem não muda, a repetição para ele não existe. Se você falar a esse homem sobre repetição, isso apenas aumentará o seu sono. Por que ele deverá fazer qualquer esforço hoje, quando tem diante de si tantas possibilidades e tanto tempo — toda a eternidade? É exatamente por isso que o sistema nada diz sobre repetição e trata apenas desta única vida que conhecemos. Quando não há luta pela autotransformação, o sistema não tem significado e nem sentido. E o trabalho pela autotransformação deve começar hoje, imediatamente. Todas as leis podem ser vistas em uma única vida. O conhecimento sobre as repetições da vida nada trará para o homem, se não enxergar como todas as coisas se repetem em uma única vida, isto é, nesta vida, e se não lutar para transformar-se, a fim de escapar desta repetição. Contudo, se ele muda algo essencial em si mesmo, quer dizer, se adquire algo, este algo não pode ser perdido.[11]

Esta espécie de mudança interior é a meta de toda a prática e de qualquer doutrina religiosa verdadeira, pois poderá dar-nos capacidade para vivermos virtuosamente, harmoniosa e eternamente. O ser humano que consegue maior elevação assimila os alimentos, o ar e as impressões; ele os recebe como pão de cada dia, na maior extensão possível, pois sabe muito bem de que maneira enviar os dois choques conscientes necessários para levar o metabolismo interior a uma conclusão perfeita. Este é o objetivo do sistema de estudo e prática que Gurdjieff transmitiu a seus discípulos e que agora é conhecido como "Trabalho de Gurdjieff".

*Os sufis acham que a maturidade não pode ser alcançada sem ajuda. Acham que há necessidade de orientação e disciplina. O caminho é desconhecido, a noite é escura e a estrada está cheia de perigos. Os perigos incluem a preocupação com interesses egoístas, as visões falsas, as interpretações erradas dos estados místicos, a suspensão do desenvolvimento, a fixação num determinado estado, o uso de várias drogas com a finalidade de criar falsas experiências místicas e, não raro, ansiedade esmagadora e insanidade.*

Mohammed Shafii

*O verdadeiro caminho está traçado sobre uma corda que não está esticada a uma grande altura, mas apenas acima do solo. Parece que foi planejado mais para fazer as pessoas tropeçarem do que para ser trilhado.*

Franz Kafka

# V

# O TRABALHO DE GURDJIEFF

> O homem que dorme não pode "realizar". Com ele, tudo é feito no sono. Aqui o sono não é entendido no sentido literal do nosso sono orgânico, mas no sentido de existência associativa. Primeiro que tudo, o homem deve estar acordado. Tendo despertado, verá que, sendo como é, não poderá "realizar". Terá que morrer voluntariamente. Quando estiver morto, poderá nascer. Todavia, o ser que acabou de nascer precisa crescer e aprender. Quando tiver crescido e aprendido, então "realizará".[1]

O método de autodesenvolvimento ensinado por Gurdjieff é uma tentativa para libertar os interessados da pesada carga de leis sob as quais o nosso lugar e função no universo obrigam-nos a viver. É a tecnologia de subverter os efeitos do órgão *kundabuffer*; de tapar os vazamentos de energia e harmonizar o maquinismo do corpo, para a transformação dos vários alimentos; de tornar a personalidade passiva com respeito à essência; de aumentar o conhecimento e o existir; de desenvolver corpos mais evoluídos e de ministrar o primeiro e o segundo choques conscientes.

Para desenvolver, partindo de qualquer um dos três tipos comuns e evoluindo para ordens de existência mais elevadas, é necessário cristalizar e temperar a essência num "Eu" permanente e unificado. Isso se faz, principalmente, por meio da estimulação de uma luta entre a essência e a personalidade. Tanto a essência como a personalidade são necessárias a este trabalho; a essência deve ter a personalidade, ou não desejará desenvolver-se. A personalidade fornece o material para estudo, os obstáculos que devem ser superados, as tentações às quais é preciso resistir, as ilusões que devem ser anuladas; e no processo de submeter-se a provas e a lutas contra a personalidade, a essência ganha em força e maturidade. Esta batalha é aquilo que o Islam chama de guerra santa (jihad); nesta guerra, quanto maior a igualdade entre as partes, mais intenso será o combate e mais completas serão a destruição e a renovação conseqüentes.

O trabalho, ou guerra, pode-se efetuar, muito proveitosamente, nas condições que compõem nossa rotina cotidiana, pois o ambiente, os relacionamentos, os hábitos e as responsabilidades, no meio das quais a pessoa se encontra, são mais um outro reflexo dos padrões de funcionamento adquiridos na formação da personalidade. O organismo pode ser estudado no seu habitat nativo, e os padrões de ação, de sentimento e de pensamento podem ser analisados em termos de uso de energias. Vendo o falso, a verdade poderá manifestar-se por si mesma.

Como não exige abandono do lar, da família ou da profissão, o trabalho de Gurdjieff talvez seja mais acessível, e tenha um começo mais fácil, do que as sendas de auto-realização que requerem um afastamento inicial do mundo. Todavia, uma vez em pleno andamento, o processo não é menos árduo.

## O INÍCIO

Aqueles que desejam dedicar-se ao trabalho sobre si mesmos, seguindo os métodos de Gurdjieff, no início podem esperar obstáculos que serão lançados em seu caminho. Primeiro, há o problema de encontrar um grupo, o que não é tão fácil quanto encontrar o mosteiro de uma Ordem religiosa ou o ashram de um iogue. As pessoas que estão praticando as técnicas de Gurdjieff são relativamente invisíveis, pois estão a braços com a rotina de atividades do dia-a-dia. E elas dificilmente têm inclinação missionária; grupos que arrebanham seguidores muito provavelmente serão imitadores.

Gurdjieff enfatiza que o conhecimento não pode pertencer a todas as pessoas, ou nem mesmo a uma maioria; isto não porque qualquer coisa deva ser guardada em segredo ou retida por alguns poucos eleitos, mas porque a aquisição do verdadeiro conhecimento exige um grande esforço, tanto da parte do professor como do aluno, tanto do mestre como do discípulo, e muitas vezes este esforço não é considerado importante pelos que se acreditam incluídos entre aqueles que procuram. Como tôdas as outras coisas no cosmos, o conhecimento tem uma natureza material; e como qualquer outra forma de matéria, ele deve existir em quantidade limitada, num determinado tempo e lugar. Certa vez, Gurdjieff fez a analogia com ouro:

> Se tomamos uma determinada quantidade de ouro e decidimos usá-la para dourar certo número de objetos, devemos saber ou calcular exatamente qual número de objetos podem ser dourados com esta quantidade de ouro. Se tentamos dourar um grande número, eles ficarão com uma cobertura dourada desigual, em manchas, e ficarão bem pior do que estariam se não tivessem ouro nenhum; e, assim, perderemos nosso ouro.
>
> A distribuição do conhecimento está baseada exatamente no mesmo princípio. Se o conhecimento for dado a todos, ninguém terá nenhum. Se é preservado entre apenas alguns poucos, cada um deles receberá não somente o suficiente para conservar, mas aumentará aquilo que recebe.
>
> Ao primeiro olhar, esta teoria parece muito injusta, desde que a posição daqueles que são privados do conhecimento, para que outros possam receber uma parcela bem maior, parece ser bastante triste e injustamente mais dura do que deveria ser. Na realidade, porém, este não é o caso, de modo algum; e na distribuição do conhecimento não há o mais leve traço de injustiça.[2]

Nada está oculto, conhecimento algum é negado; todavia, Gurdjieff enfatiza: "Aquele que quer o conhecimento deve, ele próprio, realizar todos os esforços necessários para descobrir a fonte desse conhecimento e aproximar-se dela, tirando vantagem do auxílio e das indicações que são dadas a todos; via de regra, porém, nem todos querem ter esse trabalho. O conhecimento não pode chegar até as pessoas sem um esforço próprio."[3] Até mesmo nos tempos atuais, quando o *dharma* está ao alcance de todos impresso em brochura, e quando aquilo que antes estava oculto agora é amplamente divulgado, o segredo protege a si mesmo.

A compreensão, que tinha Gurdjieff, da natureza finita e da materialidade do conhecimento, reflete claramente a influência da Irmandade Sarmoun, que na juventude ele procurara com tanta persistência. Eis aqui um relato recente das atividades dessa Irmandade:

> Há muitas lendas a respeito dos Sarmoun-Dargauh ("Corte das Abelhas"), e uma delas é esta: Segundo se afirma, o verdadeiro conhecimento existe como uma utilidade positiva, assim como o mel de uma abelha. Como o mel, ele pode ser acumulado. Contudo, na história humana, de tempos em tempos ele jaz sem ser utilizado e começa a transbordar. Nessas ocasiões é recolhido pelos sarmoun e seus associados espalhados pelo mundo inteiro, e é guardado num receptáculo especial. Depois, quando a hora é propícia, tornam a soltá-lo no mundo por meio de emissários especialmente treinados.[4]

O conhecimento é colocado em disponibilidade quando chega a hora certa, mas quantos entre nós dar-se-ão ao trabalho de fazer o que é necessário para obtê-lo? Há uma estória que não está, indubitavelmente, baseada em fatos, mas que conta como um aspirante a iniciado procurou a verdadeira doutrina pelo mundo inteiro e finalmente encontrou a fonte: um mosteiro inacessível, que só podia ser alcançado por meio de uma tortuosa jornada a pé, perdido na mais remota das montanhas. Fez a viagem, bateu na porta e não foi admitido. Gurdjieff também esteve nesse mosteiro, analisou a situação, foi embora, voltou com algumas peças de equipamento pesado e aplainou a subida da montanha até os portões do convento. Então, bateu e foi recebido.

A questão de pagamento é sempre levantada. Alguns poderão acreditar que qualquer coisa relacionada com espiritualidade ou autodesenvolvimento deva ser dada gratuitamente, mas, para Gurdjieff isto é um engano fundamental. O conhecimento esotérico, igual a qualquer outra coisa no universo (inclusive nossa existência), deve ser pago para ser obtido — por meio do esforço que foi dispendido para encontrá-lo e assimilá-lo e até mesmo por pagamento real, tanto em serviços como em dinheiro. Como Freud, Gurdjieff reconheceu que as pessoas não dão valor àquilo que não pagam para que seja seu. Ouspensky colocou a questão deste modo:

> *O pagamento é um princípio.* O pagamento é necessário, não para a escola, mas, para as próprias pessoas, pois sem pagar não obterão nada. A idéia de pagamento é muito importante e deve ser compreendido que é absolutamente necessário pagar. Podemos pagar de uma forma ou de outra, mas todos têm que descobrir isso por si mesmos. Ninguém pode possuir nada sem pagar por isso. As coisas não podem ser dadas, só podem ser compradas. Isto não é uma coisa simples, é magia. Se temos conhecimento, podemos dá-lo a outra pessoa, mas a outra pessoa só poderá tê-lo se pagar por ele. Isto é uma lei cósmica.[5]

Aqui, a noção de bom chefe de família é relevante. Competência e persistência no mundo são um prenúncio de persistência no trabalho. Os candidatos mais prováveis, aos ensinamentos do quarto caminho, têm um negócio ou uma profissão que conhecem profundamente e que é apreciada no mundo. Conhecer a fundo qualquer coisa, mesmo que seja algo simples como fazer uma boa xícara de café, dá ao indivíduo experiência na realização de um trabalho completo — começo, meio e fim. Também traz solidez financeira, o que deixa a atenção livre para o trabalho interior.

## ESTÁGIOS NO CAMINHO

O trabalho de Gurdjieff é, principalmente, uma atividade de grupo. Certo número de pessoas reunidas em torno de um professor pode formar um centro de gravidade para benefício mútuo, e isto uma pessoa trabalhando independentemente não pode ter, apesar de sua dedicação. O grupo é usado para criar condições favoráveis ao trabalho que o indivíduo realiza em si mesmo, para gerar energia, para produzir calor psicológico por meio de atritos interpessoais, para proporcionar apoio mútuo e para muitos outros propósitos, também. Tornar-se membro de um grupo e relacionar-se com um professor é justamente o primeiro estágio do Trabalho de Gurdjieff. Ler livros e artigos, e tentar praticar exercícios, pode dar uma amostra do Trabalho, mas sem a situação de grupo e sem a orientação de um outro, que está pelo menos um pouquinho mais adiantado no Trabalho, até mesmo as melhores intenções serão, gradual porém inevitavelmente, desviadas da sua orientação original pelas descontinuidades inerentes a todos os processos, conforme já vimos no estudo da Lei do Sete.

Depois que é dado o passo inicial, que é encontrar um grupo com o qual trabalhar, a ordem exata dos estágios e fases do processo dependerá de cada padrão individual de desenvolvimento. Pelo fato de agir simultaneamente sobre as três funções (intelectual, emocional, instintiva) e de permitir, e até mesmo exigir, uma vida no mundo, o Trabalho de Gurdjieff difere dos três caminhos religiosos tradicionais. Esse Trabalho não se concentra mais num do que noutro dos três pavimentos, ou "cérebros", embora as pessoas freqüentemente tenham necessidade de concentrar-se em um dos centros durante algum tempo, a fim de compensar uma atrofia que poderá ter ocorrido por falta de uso ou por causa de algum trauma na vida — como por exemplo, quando uma pessoa friamente racional precisa, de forma dolorosa, experimentar emoções, ou um realizador impulsivo precisa parar para pensar. O que é bom para um pode ser inútil ou até mesmo prejudicial para outro. É por esta razão, entre outras, que as verdadeiras práticas das doutrinas esotéricas são transmitidas oralmente.

Contudo, por mais individual que deva ser o curso do trabalho realizado em nós mesmos, e inevitavelmente será, algumas direções gerais podem ser discernidas. Na doutrina de Gurdjieff existem três "linhas de trabalho"; trabalho em nós por nós; trabalho com os outros e pelos outros; e trabalho a serviço das idéias do Trabalho e pelo próprio Trabalho em si. Estas linhas correspondem mais ou menos às três funções básicas dos centros instintivo-motor, emocional e intelectual. Elas tanto podem começar simultânea como separadamente, mas, de qualquer modo, é mais provável que no princípio a primeira linha seja enfatizada; em seguida, a segunda linha de trabalho irá merecer maior atenção; somente os mais avançados focalizam a maior parte das suas energias na terceira linha de trabalho.

## A PRIMEIRA LINHA DE TRABALHO

A primeira linha de trabalho é uma tentativa ampliada de seguir a antiqüíssima exortação "Conhece a ti mesmo". O conhecimento de nós mesmos e da seqüência das coisas é procurado através de muitos canais, e ao mesmo tempo, a percepção é ampliada e fortalecida com o fito de elevar o nível de existência. O trabalho nesta linha começa, tipicamente, com a coleta de informações sobre a atuação pessoal, sem que seja feita qualquer tentativa de mudança. Eu realmente conheço a mim mesmo, aqui e agora? Conheço a mim mesmo com o tipo de objetividade igual àquele que, em certas ocasiões, posso aplicar a outros? Quem é essa pessoa que anda por aí usando o nome de Sr. Fulano de Tal ou Sra. Fulana de Tal? A única pessoa que pode conhecer-me *sou eu mesmo* — ninguém pode fazer por mim aquilo que é preciso fazer para alcançar o autoconhecimento. E nenhuma fantasia sobre quem sou ou o que sou poderá substituir um exame direto e desapaixonado das informações obtidas.

C. Daly King, aluno de Orage e líder dos primeiros grupos de Nova York, deu alguns conselhos preliminares para este tipo de avaliação. Embora o contexto no qual são dados esteja, quando vistos à luz das investigaçoes da direçao atual, obviamente datado para a época, em substância ainda são valiosos:

> Para sentir como isso funciona, vamos utilizar um processo prático. Escolha alguém que você conheça bem, mas certamente não alguém que você ame, nem alguém que você odeie. Apenas alguém sobre quem você conheça, realmente, um bocado de coisas. Agora chegue a algumas conclusões a respeito dessa pessoa; conclusões imparcialmente objetivas; descreva-a como se estivesse fornecendo um relatório, para uma identificação a ser feita por um agente do F.B.I. que nunca tivesse visto essa tal pessoa. De memória, anote suas características físicas, e em seguida descreva seu tipo, seu comportamento habitual, suas idiossincrasias pessoais. Quando tornar a vê-la, con-

fira. Os olhos dela são mesmo cor de avelã, ou agora você diria que são azuis? Aquele costume de coçar a orelha é realmente um hábito por meio do qual o agente poderá reconhecê-la, ou você salientou esse gesto apenas porque isso o irrita? Quando sua descrição tiver alcançado uma forma tal que você acredite honestamente que ela servirá como identificação, experimente-a com alguém que também conheça essa pessoa; veja se funciona e veja se esse segundo indivíduo pode colocar o nome certo em cima da descrição que você forneceu. Se isso acontecer, você fez um bom trabalho.

Agora atente em si mesmo, da mesma maneira. Vamos supor que o seu nome seja Smith; vamos ver quão reconhecivelmente você pode descrever Smith, da mesma forma como antes descreveu Jones. Não se perca em especulações a respeito de quem é "você" e de quais poderão ser as "suas" ligações com Smith. Isto é perfeitamente simples, perfeitamente racional, perfeitamente prático; você está apenas e tão-somente analisando Smith, da mesma forma como ele poderia ser analisado por qualquer outra pessoa que estivesse se dando ao incômodo de chegar a julgamentos e conclusões confirmáveis a respeito dele, Smith, e estivesse descrevendo Smith por escrito. É importante que se escreva, pois isto servirá, em parte, para impedir meras fantasias.[6]

Além de focalizarmos nossa atenção em nós mesmos, a fim de ver como somos para os outros (uma análise que poderá ser intensificada pelo uso de filme ou videoteipe), também é útil fazer uma revisão da nossa vida, um estudo longitudinal, sem parcialidade. O potencial curativo de contarmos nossa estória para nós mesmos é exaltado na prática da psicoterapia — seus mágicos benefícios são descritos numa estória da doutrina sufi, que conta como um velho lenhador, esfomeado e exausto, sem querer, por meio do recitativo da sua própria estória, atrai em seu auxílio forças superiores:

... Fazia muito frio e ele estava faminto demais para poder dormir. Assim sendo, resolveu contar para si mesmo, como que numa estória, tudo o que lhe acontecera desde o dia em que sua filhinha lhe dissera, pela primeira vez, que desejava comer uma comida diferente.

> Logo que terminou sua estória teve a impressão de ouvir uma outra voz, vinda de algum ponto acima dela, surgindo do amanhecer, que disse: "Velho, o que você está fazendo, sentado aí?"
>
> "Estou contando minha própria estória para mim mesmo", respondeu o lenhador.
>
> "E qual é ela?", perguntou a voz.
>
> O velho repetiu sua estória. "Muito bem", falou a voz. E então, aquela voz mandou o lenhador fechar os olhos e subir um degrau, por assim dizer. "Mas eu não vejo nenhum degrau", disse o velho. "Não importa, faça o que eu digo", falou a voz.
>
> O velho fez o que lhe fora dito. Tão logo fechou os olhos, descobriu que estava em pé, e conforme levantou o seu pé direito sentiu que sob ele havia alguma coisa parecida com um degrau..." [7]

Gurdjieff determinou que cada um dos membros do seu primitivo grupo russo se dedicasse à tarefa de escrever uma autobiografia, cada um relatando sua vida inteira, desde o início, sem suprimir coisa alguma. Falou desta autobiografia como sendo "um dos primeiros testes no caminho", um pré-requisito para o progresso posterior. Estudar nossa própria vida é útil, quando se faz uma tentativa organizada de recordar o que é importante, de desenfatizar o que é trivial e de nos comprometermos a contar nossa estória em voz alta, pois os tons e meios-tons da narrativa podem dizer muito, momento por momento, sobre o grau de verdade ou falsidade.

Na verdade, é útil e interessante olharmos para nós mesmos do ponto de vista de um outro ou no contexto da nossa estória pessoal — todavia, isto ainda não chega ao âmago da questão, que é experimentarmos a nós mesmos aqui e agora, momento por momento, testemunhando imparcialmente todas as manifestações conforme ocorrem. Até mesmo no estado obtuso de desatenção, que é a condição humana comum, é possível ter vislumbres das nossas atividades características, tais como maneiras de andar, posturas, tons de voz. Os dados reunidos através de repetidos, embora breves, momentos de auto-observação poderão ser usados para compreendermos o conceito de muitos "Eus", conforme ele se aplica à nossa própria vida, para estudarmos a atividade relativa dos centros, para observarmos de que maneira a energia vaza e se perde no decorrer de cada dia, para descobrirmos a presença de amortecedores. Conforme De Ropp coloca a questão:

> Então, que é o começo? É simples. Aceite a verdade a respeito do terceiro estado — aceite a multiplicidade. De fato, não há um Eu. Há uma multidão. Aquele que sabe disto até mesmo pára de pensar em si mesmo como um Eu. Fala de um "ele" ou um "isto". Enquanto isso, observa quantos "Eus" diferentes vêm e vão — atores no seu teatro particular. Em uma parte do seu ser, este homem está-se tornando objetivo para consigo mesmo. Em uma parte do seu ser, parou de mentir. Na medida em que parou de mentir, está se libertando. O Observador combina objetividade com determinação. O Observador sabe quem é quem na floresta densa. O Observador é o precursor do Mestre.[8]

Paradoxalmente, embora a coleta de observações possa levar anos e anos, ela não toma tempo algum, uma vez que pode ser feita bem no meio das atividades da vida.

Conforme prossegue o processo de conhecermos a nós mesmos, começando com a observação dos hábitos corporais e seguindo até a observação das reações emocionais e dos modos de pensar, podem ocorrer momentos de auto-recordação — rápidos vislumbres de um nível de consciência mais elevado — e com o tempo estes momentos poderão tornar-se mais lúcidos e freqüentes. Nicoll descreve o processo: "A *Auto-Recordação* é a mais importante de todas as coisas e tem muitos graus e estágios. Até certo limite, todos podem começar a praticar e a compreender a auto-recordação. A auto-recordação total é um coisa, mas para chegarmos até ela existem muitos graus".[9]

A auto-recordação não se resume numa simples observação do eu, embora isso já seja bastante difícil; ela tem uma qualidade de atenção que é inconfundível, embora difícil de explicar, assim como o gosto do sal será quase impossível de ser descrito para alguém que nunca tenha provado sal: tão logo que esse gosto for conhecido, torna-se fácil identificá-lo. Esta sensação peculiar é aquela de aplicarmos, em nós mes-

No estado de vigília comum a atenção está focalizada no espetáculo de lanterna mágica que está sendo exibido lá...

*fascinada.*

Na auto-recordação a atenção está observando o observador

*equilibrada.*

mos, o primeiro choque consciente. Tracol afirma que "quer isso esteja ou não esteja ativo em mim, em certos momentos me é dada a possibilidade de ter percepção da minha própria presença; eu, aqui, agora. Esta percepção, quando a experimento, é acompanhada por um sabor estranhamente familiar, uma sensação particular que poderia ser chamada de 'genuinamente' subjetiva. Sou Eu, muito simplesmente. Eu me reconheço. Eu me lembro de mim. Eu."[10]

Durante os momentos de auto-recordação, a atenção está dividida entre o ambiente que nos rodeia e o nosso ser interior. Tanto externa como internamente, as percepções são claras e sem distorções. Os momentos de auto-recordação não acontecem gratuitamente na vida; a maior parte daquilo que é lembrado com intensidade é registrado durante esses rápidos vislumbres. A tentativa deliberada de produzir tais momentos, de mantê-los e de aprofundá-los, é a espinha dorsal da primeira linha de trabalho. No princípio, haverá ajuda na forma de práticas estruturadas:

> Na auto-recordação, para os exercícios elementares é necessária a participação dos três centros... No princípio, os três precisam ser invocados artificialmente. No caso do pensamento, os meios para evocá-lo artificialmente são as palestras, as preleções, e assim por diante. Por

exemplo, se nada é dito, nada é evocado. As leituras e as conservas servem como choque artificial. Chamo isso de artificial, porque não nasci com esses desejos; não são naturais, não são uma necessidade orgânica. Esses desejos são artificiais, e suas conseqüências serão igualmente artificiais.

Se os pensamentos são artificiais, então posso criar em mim mesmo sensações que também são artificiais.

Repito: as coisas artificiais só são necessárias no início. A plenitude daquilo que desejamos não pode ser alcançada artificialmente, mas no início este recurso é necessário.[11]

Juntamente com os esforços realizados na auto-observação e na auto-recordação, pode-se fazer, por meio de intervenções ativas, empreendidas em pequena escala, uma tentativa paralela de ampliar e aprofundar a autocompreensão. É possível mudar certos aspectos do comportamento exterior e usar tais mudanças como lembretes para a atenção vacilante. Variações, de pequena importância, na maneira como são executadas as ações habituais — assim como, por exemplo, quando um cigarro é mantido na mão que não o segura costumeiramente, ou quando o ritmo normal do andar é acelerado ou retardado — poderão favorecer, significativamente, o progresso no nível geral de percepção. É preciso usar de grande cautela ao efetuar mudanças nos hábitos, uma vez que, conforme Gurdjieff assinalou com insistência, o organismo é um mecanismo delicadamente equilibrado, e qualquer modificação num hábito sempre traz um ajustamento correspondente em alguma outra manifestação. Com freqüência, este ajustamento é imprevisível e, às vezes, bastante desagradável.

Os esforços para nos lembrarmos de nós mesmos no decorrer do dia são sustentados por meio de uma ligação com um estado de meditação silenciosa, realizada todas as manhãs, antes do início das atividades da vida cotidiana. A princípio, este período de meditação envolverá apenas uma seqüência de relaxamento físico e de intensificação da percepção geral do próprio corpo, o que é feito por meio da focalização da atenção nas sensações físicas: "A atenção é necessária para a consciência. A atenção é como o óleo na lâmpada.

A consciência é a Luz." [12] Conforme o estudante progride, são introduzidas muitas técnicas, todas fundamentadas na suposição de que a capacidade de sentir o corpo já está solidamente apoiada em alicerces firmes. Às vezes, a técnica da atenção pura é utilizada neste período de silenciosa meditação, outras vezes uma pergunta, tal como "Quem sou Eu?", é usada como objeto de contemplação.

Não fosse pelo fato de que as pessoas que se dedicam ao Trabalho de Gurdjieff costumam sentar-se em cadeiras de espaldar reto, conforme o costume ocidental — e se fôssemos olhar apenas a técnica — seria difícil distingui-las dos vipassanas imersos em meditação, quando realizam suas silenciosas práticas matinais. Os interesses e os métodos são semelhantes (e, talvez, dela derivados) à atenção pura, que é fundamental na prática budista. No princípio, a mente está tipicamente cheia de tagarelice e atividade, desafiando todos os esforços para permitir a possibilidade do silêncio interior e a simples atenção às sensações. Conforme a identificação com o conteúdo da mente vai se tornando mais leve, poderão ocorrer alguns momentos de percepção límpida. Conforme a meditação vai se tornando mais profunda, esses momentos podem servir como ponto de referência para instantes de auto-recordação durante a vida ativa; também, tais momentos podem tornar-se mais intensos e dignos de crédito.

À medida que os efeitos da auto-recordação vão se acumulando, o mesmo acontece com o conhecimento das nossas várias manifestações. Começam a emergir configurações que produzem o tipo de luz e calor característicos da luta entre essência e personalidade. Nicoll descreve um dos muitos estágios deste processo:

> O lado daquilo que somos realmente e o lado daquilo que fingimos ser e imaginamos que somos, são dois lados contraditórios. Contudo, estes dois lados contraditórios existem em todas as pessoas, sem exceção. A ação do Trabalho, tão logo esteja começando a ser desejado, faz com que nos tornemos gradualmente conscientes desta contradição — com a passagem dos anos. Então começamos a sentir traços de verdadeiro sofrimento, entremeado com todos os tipos de tentativas de autojustificação, escusas e reações — até que, por escolha interior, ficamos cansa-

dos das autojustificativas, das desculpas, e assim por diante. Isto marca um estágio no Trabalho, um ponto definido no autodesenvolvimento. [13]

Gurdjieff coloca este tipo de experiência no seu contexto teórico:

> Aqui está, de novo, a lei do Três. Entre os princípios positivo e negativo deve haver atrito, sofrimento. O sofrimento leva ao terceiro princípio. É cem vezes mais fácil ser passivo, portanto; esse sofrimento e seus resultados acontecem fora e não dentro de você. O resultado interior é alcançado quando todas as coisas têm lugar dentro de você. [14]

Conforme a autocompreensão progride, deve nascer uma concepção cada vez mais nítida do objetivo pessoal. A dedicação ao "esforço voluntário e ao sofrimento intencional, envolvidos no Trabalho de Gurdjieff, deve aumentar à medida que aumenta o atrito entre a essência e a personalidade, ou então o indivíduo não estará disposto a suportar a dor conseqüente. Um objetivo pessoal poderá ser sentido de muitas maneiras. Para uns ele é: "Eu quero ser o senhor de mim mesmo." Já para outros é: "Eu quero poder fazer o bem." Conforme é exposto — seja qual for a forma de expressão — ele representa o nível de compreensão do indivíduo e sua orientação no trabalho. Agora, todos os motivos, ações e impulsos devem ser avaliados em comparação com este objetivo, sobre o qual deve ser edificado um novo senso de moralidade, pois aquilo que ajuda o meu trabalho interior agora é considerado bom, e o que não ajuda deve ser descartado. Esta atitude de "egoísmo consciente" marca uma nova fase de desenvolvimento. Certa vez Gurdjieff deu este exercício a um grupo:

> Aqueles de vocês, que já são capazes de lembrar automaticamente qual é o seu objetivo, mas não têm energia para fazê-lo, sentem-se, sozinhos, durante pelo menos uma hora. Façam com que todos os seus músculos fiquem relaxados. Deixem suas associações prosseguirem, mas não sejam absorvidos por elas. Digam a elas: Se agora vocês me deixarem fazer o que desejo, mais tarde farei o que vocês desejam. Para que não haja identificação com

elas, observem suas associações como se pertencessem a uma outra pessoa.

No fim de uma hora, peguem um pedaço de papel e escrevam nele o seu objetivo. Façam deste papel a sua Divindade. Tudo o mais é nada. Constantemente, todos os dias, tirem do bolso e leiam este papel. Desta forma, ele se tornará parte de vocês; a princípio, teoricamente; mais tarde, realmente. Para ganhar energia, pratiquem este exercício que consiste em sentar em silêncio e deixar os músculos como se estivessem mortos. Somente depois de uma hora, quando tudo em vocês está em silêncio, decidam sobre seu objetivo. Não deixem que as associações os absorvam. Encarregar-se de um objetivo voluntariamente, e conquistá-lo, dá magnetismo e capacidade para "realizar". [15]

Na prática de lembrar o nosso objetivo, a dificuldade mais grave é a pluralidade, a inconsistência e fragmentação que caracterizam a situação volitiva de uma pessoa com muitos "Eus". Todavia, embora existam muitos "Eus", cada pessoa tem um atributo central, um pilar sobre o qual repousa a estrutura da personalidade, ou ao redor do qual pode-se dizer que ela orbita. Este "aspecto principal" é quase sempre invisível para nós mesmos, contudo, outras pessoas podem, com freqüência, fornecer um bocado de informações acuradas a respeito dele. Muitas vezes, os apelidos são indicações de aspectos principais.

Embora sejam dadas, ao aluno, sugestões e outras formas de ajuda, compete basicamente a ele, a tarefa de determinar por si mesmo, reunindo os dados coletados na auto-observação, qual é o seu aspecto principal. Às vezes o mestre informa seu discípulo, conforme descreve Thomas Hartmann:

Desde o primeiro dia, Mr. Gurdjieff conversara conosco sobre esta fraqueza principal. Vê-la e compreendê-la é muito doloroso, às vezes insuportável. Nas escolas esotéricas, conforme já mencionei, quando a debilidade principal é mostrada claramente para um homem ela é revelada com grande cuidado porque, às vezes, a verdade a respeito de si mesmo pode levar um homem a um desespero tal que ele poderá até pôr fim em sua vida.

Uma ligação espiritual com o Mestre previne tal tragédia. Ao dizer que quando você é esbofeteado na face direita deve oferecer a face esquerda, as Santas Escrituras falam do momento em que compreendemos nosso defeito principal. A dor de descobrir seu defeito principal é igual ao choque de receber uma bofetada no rosto. O homem deve descobrir em si mesmo a força para não fugir desta dor, mas, oferecer corajosamente a outra face; isto é, ouvir e aceitar mais outras verdades sobre si mesmo. [16]

Uma vez conhecido este aspecto principal, isso pode fornecer a chave para a anulação da personalidade, de modo que assim a essência fica relativamente mais forte em sua luta contra ela. Ao relatar as palavras que Gurdjieff dirigiu ao seu grupo, apresentando as características principais de pessoas que dele faziam parte, Ouspensky descreve este incidente:

> "Enquanto um homem está sentado sobre sua característica principal, não pode haver uma apreciação exterior adequada", disse Gurdjieff. "Por exemplo, Fulano de Tal" (e citou o nome de um do nosso grupo). Sua característica é que *nunca está em casa.* Como pode ele apreciar qualquer coisa ou qualquer pessoa?..."
>
> Disse, para outro do nosso grupo, que sua característica era que *ele absolutamente não existia.*
>
> "Compreendam, *eu não vejo vocês*", disse G. "Isso não que dizer que vocês sempre são assim. Mas quando vocês são como são agora, vocês não existem, de modo algum".
>
> A um outro ele disse que sua principal característica era a tendência para discutir sempre, com todos e a respeito de tudo.
>
> "*Mas eu nunca discuto*", replicou o homem, no mesmo instante, com muita veemência.
>
> Ninguém pôde conter o riso. [17]

À medida que a auto-observação traz à luz os fatos referentes ao nosso funcionamento real e a personalidade é, até certo ponto, penetrada como se fosse transparente, ela perde um pouco da sua influência sobre a essência e perde um pouco da sua força. Já não é tão absolutamente credível; a identificação já não está inevitavelmente presente. Começa a tornar-se possível o trabalho que requer um certo grau de autocontrole, e isto inclui o trabalho no relacionamento com outras pessoas; é a segunda linha de trabalho.

## A SEGUNDA LINHA DE TRABALHO

"A coisa mais difícil para um homem", disse Gurdjieff, "é suportar as manifestações dos outros".[18] A segunda linha de trabalho providencia condições especiais, apoio no esforço que fazemos para perceber nossos modos de relacionamento com os outros, e oportunidades para praticarmos novas formas de coexistência.

Assim como as reações habituais do corpo físico podem passar a ser objeto de estudos detalhados, assim também as formas de reação emocional podem ser objeto de observação e análise. Desde o princípio, elas têm sido o alvo da investigação psicoanalítica. O Trabalho de Gurdjieff, porém, difere radicalmente da psicoterapia, dos grupos de desenvolvimento e de outros aspectos do movimento potencial humano, por sua insistência em que as emoções negativas são inteiramente desnecessárias e poderemos suprimir suas expressões exteriores (embora observando-as internamente), sem risco de provocar um ajustamento compensador indesejável em algum outro padrão de hábito. A supressão das emoções negativas é a preparação para a produção do segundo choque consciente. Assim, para aqueles que já se encarregaram da prática da auto-recordação, o impedimento da expressão de emoções negativas (que uma investigação, até mesmo superficial, mostrará que são a vasta maioria de todas as experiências emocionais ordinariamente sentidas na vida cotidiana), eventualmente será exigida. Nicoll fala sobre o processo, quando de seu início:

> Lembrarei a vocês o primeiro passo — a saber: não nos pedem que gostemos, mas que paremos de sentir aversão e todas as suas ramificações. Este é um ponto de partida muito prático. Mais tarde, quando sentirem, em vocês, a presença de uma emoção negativa como se fosse uma substância estranha, tão agudamente quanto

uma dor de estômago, então procurarão, por suas próprias razões, trabalhar em si mesmos e transformar seu estado interior em proveito da própria saúde interior.[19]

Suprimir a manifestação exterior das emoções negativas é uma tarefa imensamente difícil, uma tarefa que intensifica, de muitas maneiras que amiúde são agudamente dolorosas, a luta entre a essência e a personalidade. "Suportar as manifestações dos outros é uma coisa extraordinária", enfatizou Gurdjieff. "Para o homem, é a coisa suprema. Só o homem perfeito pode fazer isso. Comece tomando como objeto, ou como seu Deus, a capacidade de suportar as manifestações de uma pessoa que agora você não consegue agüentar sem nervosismo. Se você 'quer', você 'pode'. Sem 'querer', você jamais 'poderá'. Querer é a coisa mais poderosa que há no mundo. Com o querer consciente, tudo se faz.[20]

Conforme a essência vai amadurecendo, os padrões afetivos estandardizados, adquiridos dos pais e de professores, vão se tornando mais fracos; em termos freudianos, o controle do superego diminui. Os sentimentos verdadeiros começam a aparecer, mudando a qualidade da emoção que sentimos pelos outros e por nós mesmos. Desejos conscientes tornam-se possíveis e a prece, então, poderá ser uma possibilidade. De acordo com Nicoll, o sinais indicadores de que a vida emocional está ascendendo para um plano mais elevado incluem "uma mudança no sentimento do 'Eu' " e "capacidade de controlar emoções inferiores".[21] Voltando à metáfora da carruagem, do cavalo, do cocheiro e do passageiro:

> Devemos entender a diferença entre um passageiro ocasional e o dono da carruagem. Se temos um "Eu", o "Eu" é o dono. Se não temos, sempre há alguém sentado na carruagem, dando ordens ao cocheiro. Entre o cocheiro e o passageiro há uma substância que permite ao cocheiro ouvir. A presença ou ausência dessa substância depende de muitas coisas acidentais. Ela poderá estar ausente. Se a substância foi acumulada, o passageiro pode dar ordens ao cocheiro, mas, o cocheiro não pode dar ordens ao cavalo, e assim por diante. Às vezes você pode, outras vezes você não pode, dependendo da quantidade

de substância existente. Amanhã
não pode. Esta substância é o resul

Uma destas substâncias se forr
Sempre que não estamos mecanicam
sofremos. Há diferentes espécies de s
plo, eu quero dizer algo a você, mas
não dizer nada. Um lado quer falar,
calado. A luta produz uma substância
substância vai se juntando num certo

Quando as pessoas se reúnem, por qualquer razão, aumentam as oportunidades desse tipo de sofrimento. Gurdjieff até mesmo provocava isso. Franz Peters descreve como Gurdjieff realmente pagou um homem para morar na "Prieure"; um homem que, "sem esforço consciente, produzia atritos em todas as pessoas ao seu redor". [23] O Trabalho de Gurdjieff dá prosseguimento a esta forma de ajuda, encorajando a colaboração em muitos tipos de trabalho físico, artes e projetos mecânicos, que os grupos empreendem. Durante tais períodos de trabalho em conjunto, as personalidades se chocam inevitavelmente. Às vezes são indicadas algumas tarefas especiais, que atuam como estimuladores ou divisores da atenção, como por exemplo, fazer contagens progressivas e regressivas, de vários tipos, enquanto se está trabalhando. A apreciação externa, que poderá ser encarada como um exercício fundamental na prática do amor, oferece novas informações sobre os padrões da função emocional, uma vez que o esforço para relacionar-se desta maneira põe em grande relevo a paranóia e o egocentrismo da personalidade. Se o sofrimento decorrente é suficientemente forte, a casca de consciência, que jaz em hibernação na parte menos do que consciente de cada ser humano, poderá ser descoberta para oferecer um vislumbre, embora breve, do que poderia ser a verdadeira moralidade — independente dos costumes ou das tradições culturais.

Considerar externamente é reagir aos desejos e necessidades de outra pessoa, sem que haja identificação interior. Somente alguém que está relativamente consciente pode colocar-se em harmonia com aqueles com quem se encontra, em vez de reagir impotentemente contra o mundo.

> rabalho não precisa de nada externo. Somente o no é necessário. Externamente, deveríamos desempenhar um papel em tudo. Externamente, o homem deveria ser um ator, caso contrário não responderá às exigências da vida. Um homem gosta de uma coisa; outro, de outra; se você quer ser amigo de ambos e comportar-se de uma maneira, um deles não gostará; se se comportar de outra maneira, o outro não gostará. Você deverá comportar-se com um da maneira que ele gosta, e com o outro de acordo com a maneira que este outro gosta. Então, sua vida será fácil.[24]

As pessoas comuns agem como se recebessem ordens de dentro. Aquele que está desperto faz aquilo que sua percepção, sem preferências, mostra que é apropriado para a situação. A história pessoal, sobre a qual está baseada toda a negatividade, é devassada, como se fosse transparente e a energia liberada fica disponível para ser usada como segundo choque consciente, completando a assimilação — que marca o ser humano evoluído — do alimento, do ar e das impressões.

## A TERCEIRA LINHA DE TRABALHO

A primeira linha de trabalho poderia ser considerada egocêntrica uma vez que o indivíduo se concentra no processo pessoal de ganhar percepção e expandir o nível do seu ser. A segunda linha de trabalho envolve o relacionamento, a interação com outras pessoas, mas a atenção ainda está focalizada nos padrões individuais de reação aos outros e ao contexto social. Tanto na primeira como na segunda linha de trabalho são seguidas as indicações de um professor. Na terceira linha, que é a do trabalho realizado em benefício das idéias do próprio Trabalho, a iniciativa é permtida e até mesmo encorajada, e o impulso principal do esforço não é o progresso pessoal ou o lucro.

Na terceira linha de trabalho são consideradas as necessidades e os requisitos da organização, do grupo de pessoas que se reuniram para trabalhar em si mesmas. O serviço desinteressado é o ponto central desta terceira linha e, como qualquer ação desinteressada está além da capacidade dos seres humanos que se encontram nos níveis comuns de consciência, esta linha não poderá envolver nenhum esforço contínuo, enquanto a personalidade não tiver deposto suas armas, pelo menos até certo ponto, e o nível da consciência não tiver progredido.

## O DESENVOLVIMENTO HARMONIOSO DO SER HUMANO[25]

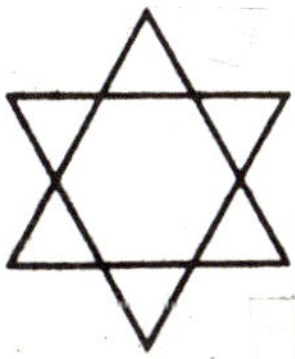

Sendo completo em si mesmo, e independente de choques exteriores, o ser aperfeiçoado corporifica o *Selo de Salomão.*

Com o pentagrama fechado em seu interior — isto é, com os centros em permanente harmonia — o ser humano fisicamente perfeito é posto em contato com os centros mais elevados, que introduzem o princípio perdido e efetuam uma ligação direta e permanente com a consciência objetiva.

A harmonização do trabalho em todos os cinco centros é um dos significados da *estrutura do pentagrama.*

O fortalecimento da decisão de trabalhar para a consciência e contra o automatismo, e a aplicação desta decisão em todos os acontecimentos que anteriormente eram acidentais, com o tempo produz uma linha permanente de resultados, *transformando a trindade em quadruplicidade.*

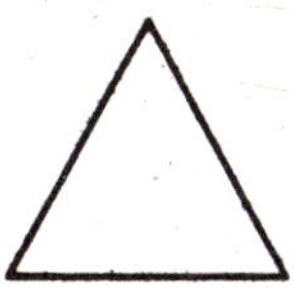

A criação de um *terceiro princípio permanente — a luta pela consciência* — transforma a dualidade em trindade. Baseada no reconhecimento da nossa condição, forma-se uma decisão definida de trabalhar contra o automatismo.

*O ser humano comum é uma dualidade.* Todas as nossas experiências são divididas em opostos. Tudo é dividido. Através da auto-sugestão, vemos aquilo que é mecânico como sendo consciente, e aquilo que está dividido como sendo uma unidade e um todo.

## OS MOVIMENTOS

Os movimentos de ginástica rítmica e as danças que Gurdjieff adaptou de fontes asiáticas, para uso no Trabalho, têm o duplo propóstito de transmitir certo tipo de conhecimento e oferecer os meios para a conquista de um estado de existência harmonioso. São uma espécie de meditação em forma de ação, que também tem as propriedades de uma forma de arte e de uma linguagem. O conjunto de movimentos Gurdjieff é formado por muitos tipos diferentes de danças; há seis exercícios obrigatórios, que devem ser aprendidos por todos; danças dervixes, que exigem vigor e persistência, somente para os homens; danças suaves e belas, para as mulheres; preces, em forma de movimento, com uma coreografia complexa e simbólica; danças, nas quais há um elemento falado, tal como "Senhor, Tenha Piedade", ou "Mãe, Pai, Irmã, Irmão"; danças lentas e reverentes, e danças incrivelmente precisas e ativas. Suas fontes incluem o Turquestão, o Tibete,

O ENEÁGRAMA

MOVIMENTOS GURDJIEFF: Posições básicas de duas das muitas danças sagradas que Gurdjieff trouxe do Oriente. Os movimentos são executados ritmicamente, com acompanhamento musical.

*foto cedida por Joseph Cambi*

*foto cedida por Joseph Cambi*

o Afeganistão, o Cafiristão, o Chitral, Chian, Transcáspia e Turquia.

Na prática destes movimentos, a pessoa faz um esforço para dividir a atenção e lembrar-se de si mesma, pois, freqüentemente, a cabeça, os braços, as mãos e os pés devem acompanhar ritmos diferentes, e sem um certo nível de percepção é absolutamente impossível executá-los de maneira correta. O funcionamento correto dos centros e a atenção consistente são indispensáveis na realização perfeita dos movimentos. Um momento de desatenção ou um erro podem implicar na perda de uma contagem elaborada, negando ao bailarino a possibilidade de ter um vislumbre de percepção.

Os movimentos Gurdjieff são uma contribuição sem paralelo para os recursos daqueles que são capazes, pelo menos até certo ponto, de meditar enquanto estão sentados em si-

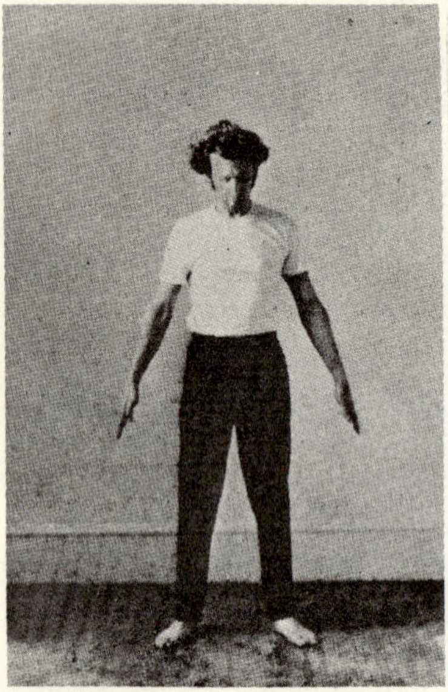

*foto cedida por Joseph Cambhi*

lêncio, e que estão prontos para prolongar este seu estado de atenção integral, levando-o para um meio mais ativo. São realizados com música, o que envolve o centro emocional no esforço que o centro intelectual faz para seguir as formas indicadas, e no esforço que o nível de funcionamento instintivo-motor realiza para contrariar todas as idiossincrasias e prevenções pessoais que se opõem à execução de posturas e gestos não-habituais.

O condicionamento de uma vida inteira aprisiona o indivíduo dentro do seu próprio repertório de pensamentos, sentimentos e atitudes físicas. No estado de vigília comum, cada tipo de pensamento está inevitavelmente ligado a um certo tipo de tonalidade emocional e a um certa maneira de manter o corpo. Dado um, os outros seguem. Além do mais, o número de posições, de maneiras de andar e de gestos, é bastante limitado; é pouco provável que um adulto típico adote quais-

*foto cedida por _oseph Cambi*

quer posturas novas, às quais não esteja habituado: conseqüentemente, é também improvável que venha a experimentar estados emocionais desconhecidos e estados de consciência alterados, a menos que algo seja feito para quebrar o círculo vicioso. O pensamento psicológico contemporâneo percebeu isso; a vegetoterapia de Reichian, a bioenergética, a técnica Alexander e Rolfing são alguns dos processos desenvolvidos, para libertar o corpo físico das suas repressões condicionadas, ampliando e enriquecendo as possibilidades emocionais e intelectuais. Outro sistema é o de Feldenkreis, demonstrado publicamente pela primeira vez no centro Gurdjieff em Coombe Springs, Inglaterra.

Os movimentos Gurdjieff rompem o ciclo porque exigem que o bailarino se movimente de uma maneira que não é natural e nem habitual, raramente vista na vida normal; o

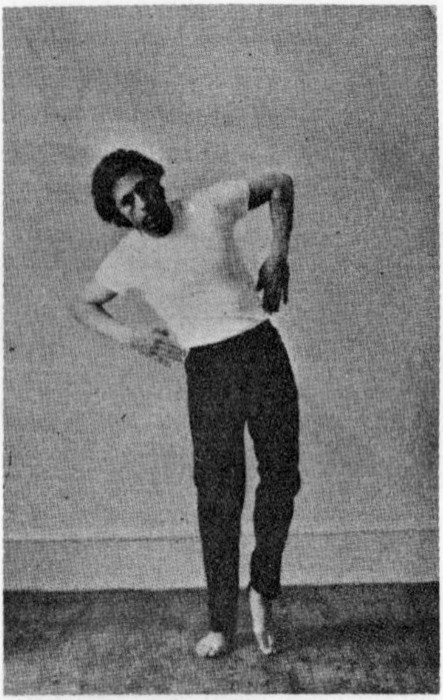

*foto cedida por Joseph Cambi*

braço direito e a perna, por exemplo, poderão mover-se em uníssono, ou os olhos poderão voltar-se para uma direção oposta àquela da cabeça. Os modos usuais de expressão física são desafiados em cada um dos movimentos, e uma nova liberdade poderá manifestar-se.

Todos os nossos movimentos são automáticos. Quase todos são inconscientes, porque nunca podemos mudar o repertório de pensamentos e sentimentos, sem mudar o repertório de posturas; e também porque, pela própria natureza da exigência de estar atento àquilo que é inconsciente, uma pessoa sozinha não pode quebrar facilmente este padrão, mas só pode fazê-lo com ajuda exterior. Algumas Ordens sufi usam o exercício "Pare!", no qual tudo é instantaneamente congelado ao comando do mestre. Para o estudo das manifestações físicas, Gurdjieff usou tanto este método como os movimentos.

Um estudo não-mecânico de nós mesmos só é possível com a ajuda do exercício "pare!", feito sob a orientação de uma pessoa entendida.

*foto cedida por Joseph Cambi*

Tentemos acompanhar o que acontece. Um homem está andando, ou está sentado, ou está trabalhando. Nesse instante ouve um sinal. Um movimento que foi iniciado é interrompido por este sinal repentino, ou ordem de parar. Seu corpo fica imóvel, suspenso no *meio da transição de uma postura para outra, numa posição na qual ele nunca se coloca na vida normal.* Sentindo-se neste estado, isto é, numa posição à qual não está acostumado, o homem, involuntariamente, olha para si mesmo desde novos pontos de vista, vê e observa a si próprio de uma maneira nova. Nesta postura que lhe é estranha, é capaz de pensar de uma maneira nova, sentir de uma maneira nova, conhecer-se de uma maneira no-

Do "Quinto Exercício Obrigatório".

GRUPO EXECUTANDO OS MOVIMENTOS GURDJIEFF SOB A DIREÇÃO DO AUTOR

"As Seis Posições" (Esta é a segunda posição.)

De uma dança chamada "Senhor, Tenha Piedade!"

*fotos: Ernest Lowe*

Do "Primeiro Exercício Obrigatório".

va. Desta forma, o ciclo do velho automatismo é rompido. O corpo tenta, em vão, adotar uma postura comum, confortável. Contudo, a vontade do homem, posta em ação pela vontade do professor, não permite que isso aconteça.[26]

Na sua primeira visita à América, em 1924, Gurdjieff demonstrou o exercício "Pare!" diante de grandes platéias. Hoje, sua utilização nos grupos Gurdjieff é limitada pela exigência de que só seja posto em prática por um mestre que tenha um nível de perícia tal que o torne capaz de estabelecer um estado de empatia total com cada discípulo em cada posição, pois de outro modo este exercício pode ser perigoso para os nervos e para os vasos sangüíneos. Nos movimentos, os riscos são menores.

Em adição ao seu valor no estudo da manifestação física, os movimentos são considerados uma forma de arte objetiva. A arte objetiva provém de fontes conscientes e produz seus efeitos pretendidos sobre participantes e audiências, sem diferenças — ou com variações que só dependem do nível de desenvolvimento pessoal. Como algumas formas de danças balinésias e indonésias, os movimentos freqüentemente representam uma espécie de semáforo corporal, ou método simbólico de comunicação. Cada posição tem seu próprio significado e, presumivelmente, pode ser decifrada por aqueles que foram iniciados no código. Embora os movimentos provenham de muitas fontes, a principal delas talvez seja um mosteiro escondido no Hindu Kush, no qual Gurdjieff foi admitido e onde viu sacerdotisas dançarinas ensinando danças sagradas do templo, usando um tipo de instrumento muito singular:

> Ao primeiro olhar, a aparência exterior destes estranhos aparelhos deu a impressão de que eram obras muito antigas. Eram feitos de ébano incrustado com marfim e madrepérola. Quando não estavam sendo utilizados e ficavam agrupados, faziam lembrar uma das árvores "vasanelias", com ramos todos iguais. Ao examiná-los mais de perto, vimos que cada artefato consistia numa coluna lisa, mais alta do que um homem, fixada num tripé. Saindo desta coluna, em sete lugares, projetavam-se ramos singularmente desenhados, que por sua vez

## DOIS TIPOS DE ARTE

| OBJETIVA | SUBJETIVA |
|---|---|
| consciente | inconsciente |
| Seu criador é um artista, que sabe o que está fazendo e por quê. | É criada |
| Produz uma impressão idêntica em todas as pessoas e provoca as mesmas reações definidas, com variações que dependem apenas do nível de desenvolvimento pessoal. | Age sobre as pessoas de acordo com as associações. |
| Contém exatamente aquilo que o artista deseja. | Seu conteúdo só depende do acaso. |
| Seu propósito é a iluminação da verdade por meio da experiência emocional do recipiente. | Seu propósito é a expressão do "eu" do artista. |
| Provém, pelo menos, de vislumbres de consciência objetiva, utilizados com unidade e controle pelo artista. | Tem origem nas associações do artista. |
| Exemplos possíveis: a Grande Pirâmide, as antigas catedrais góticas de Notre Dame, Rheims e Chartres, a música dos encantadores de serpentes, que trabalham com "oitavas ocultas" de uma nota sustentada, a antiga estátua de Zeus no Olimpo, o drama da vida de Jesus, os Doze Atos do Buda. | Exemplos possíveis: todas as formas de música, dança, pintura, escultura, poesia e prosa que produzem efeitos variados sobre as pessoas e que não têm pelo menos alguns dos efeitos pretendidos. Todos os trabalhos que não provêm de fontes conscientes. |

> eram divididos em sete partes de diferentes dimensões; cada parte sucessiva decrescia em comprimento e largura, em proporção à sua distância da coluna principal... [27]

Um relato mais recente, sobre um mosteiro que deve ser o mesmo, é feito por Desmond Martin:

> Sem termo de comparação, o que mais causava impressão era uma árvore articulada, feita de ouro e outros metais, que me pareceu incrivelmente bela e que se

assemelhava a uma obra de arte babilônica que eu vira no Museu de Bagdá. Servia para indicar as posições assumidas por dervixes, nos seus exercícios semelhantes à ioga, que eram realizados ao som de música especial e que eles praticavam para alcançar o autodesenvolvimento.

O mosteiro era aquele da Irmandade Sarmoun, a Ordem sufi, cujas idéias sobre a materialidade do conhecimento e sobre as leis universais também poderão ser a origem dos princípios fundamentais da cosmologia de Gurdjieff.

## O PAPEL DO ESFORÇO FÍSICO NO TRABALHO

As pessoas hoje perderam a oportunidade, especialmente se são urbanas e educadas, de se dedicarem ao tipo de trabalho físico para o qual o organismo humano foi aperfeiçoado. O verdadeiro exercício físico ajuda os centros a trabalhar de acordo com a intenção com que foram planejados e a deixar de se entrechocarem. Assim, cria-se uma oportunidade para haver harmonia. Por conseguinte, as pessoas que trabalham em si mesmas, seguindo os ensinamentos de Gurdjieff, criam oportunidades para execução de trabalhos rurais, para trabalhos em construções e para a realização de outras tarefas pesadas, com o objetivo de normalizar o funcionamento do corpo. Há algumas coisas que só são possíveis para o corpo quando está sobrecarregado de necessidades pesadas, envolvendo grande atenção e grande gasto de energia, e sob condições de sono inadequadas. Sob tal pressão, os centros não têm margem para trabalhar incorretamente. Mais ainda. Os esforços feitos até o ponto da exaustão, e além do ponto de exaustão, poderão permitir o acesso a um reservatório especial de energia, que Gurdjieff chamou de "o grande acumulador", em contraste com os pequenos reservatórios periféricos de energia, que normalmente estão disponíveis para o uso:

> Os pequenos acumuladores bastam para o trabalho diário e comum, da vida. Mas para trabalhar em si mesmo, pelo progresso interior, e para os esforços que são exigidos de um homem que ingressa no caminho, a ener-

gia proveniente desses pequenos acumuladores não é suficiente.

Devemos aprender a retirar energia diretamente do grande acumulador. [29]

O grande acumulador fornece o "segundo alento" que vem quando, exaustos pelo esforço tremendo de escalar uma montanha, ou de lutar contra o cansaço ao cuidar de um doente durante uma noite inteira, de repente sentimos um influxo de energia e ganhamos força para prosseguir, como se tivéssemos dormido um sono repousante. Embora passemos naturalmente de um pequeno acumulador para outro, no decorrer do dia ou da noite, a mudança para o grande acumulador, que é uma mudança que só pode acontecer no caso de grande exaustão, abre a possibilidade de realizar esforços fora do comum, impossíveis no estado normal; estes poderão, como o poderoso primeiro estágio de um foguete, permitir a libertação das leis que agora nos mantêm presos ao nível da terra.

## EXERCÍCIOS EXPERIMENTAIS

De acordo com Gurdjieff, o trabalho que realizamos em nós mesmos é individual e empírico. Os resultados são diretamente proporcionais à compreensão. Nada deve ser aceito, a menos que tenha sido convincentemente comprovado pela experimentação pessoal; de fato, a fé cega não está em concordância com a orientação básica do Trabalho. "No quarto caminho não há necessidade de 'fé'; muito pelo contrário, qualquer espécie de fé é oposta ao quarto caminho", insistiu Gurdjieff. "No quarto caminho, um homem deve convencer-se da verdade daquilo que lhe é dito. E até que esteja convencido, não deve fazer nada." [30]

Considere a premissa básica. A consciência, conforme a conhecemos no estado de vigília comum, é muito limitada e inconsistente. Ouspensky deu este exemplo numa conferência:

> Pegue um relógio e olhe para o ponteiro dos segundos, *procurando ter percepção de si mesmo* e concentrando-se no pensamento "Eu sou Peter Ouspensky", "Agora eu estou aqui". Tente não pensar em qualquer outra coisa, simplesmente siga os movimentos do pon-

teiro dos segundos e tenha consciência de si mesmo, do seu nome, da sua existência e do lugar onde se encontra. Mantenha afastados todos os outros pensamentos.

Se você for persistente, será capaz de fazer isso *durante dois minutos. Este é o limite da nossa consciência.* E se tentar repetir a experiência imediatamente depois, achará mais difícil do que da primeira vez.

Noutra ocasião, A. R. Orage, que durante muitos anos dirigiu o trabalho Gurdjieff em Nova York, deu estas instruções adicionais:

> Agora dê mais um outro passo. Mantendo o foco como antes, conte mentalmente, para trás, os números de um a dez, bem devagar, durante o curso de uma revolução do ponteiro. Isto requer uma atenção dupla, por assim dizer. Você está observando o movimento e, ao mesmo tempo, está contando deliberadamente. No princípio poderá ser fácil, mas repita de novo e de novo até que se torne difícil; *e então, faça!* Este é um conselho muito importante.[32]

Pode-se adicionar mais e mais complexidades a este exercício, até que os limites da atenção fiquem claramente evidentes.

Porque temos uma percepção tão inconsistente, e porque aquilo que fazemos é distorcido, tão freqüentemente, pela identificação, poderá ser difícil conceber até que ponto reagimos mecanicamente e somos incapazes de agir sem reação — de "fazer". Para que se possa ser uma testemunha imparcial nas experiências da nossa própria vida, é preciso ficar a certa distância do envolvimento pessoal. Orage descreve um processo para passar em revista os processos do dia que, quando praticado regularmente, pode proporcionar uma grande soma de informações que irão enriquecer a compreensão e entendimento da noção do automatismo humano. Eis aqui uma versão condensada dessa técnica:

> Antes de adormecer, comece a contar lentamente, para si mesmo, uma série de números simples, para a frente e para trás, como por exemplo, 2, 4, 6, 8, 10 —

> 10, 8, 6, 4, 2. Continue esta repetição, ritmicamente. Tendo dado andamento a este ritmo, quase porém jamais de maneira absolutamente automática, tente deliberadamente visualizar você mesmo conforme estava ao levantar-se da cama naquela manhã.
>
> Você acordou, saiu da cama e depois vestiu-se, tomou seu café, leu o jornal, apanhou um ônibus e assim por diante. Tente seguir esta seqüência de si mesmo, observada em quadros, de momento a momento, como se estivesse projetando um filme. No princípio você achará o exercício difícil... a necessidade de contar continuadamente irá perturbá-lo neste estágio. Não obstante, continue; pois o fato é que a contagem ocupa o cérebro pensante e desse modo deixa, naturalmente, a memória pictórica trabalhar com mais facilidade. O pensamento não somente impede a representação pictórica mas, de maneira sutil, porém inevitável, falsifica as imagens.[33]

Segundo Orage, outras dificuldades que poderão ser encontradas são as interrupções causadas por falhas de memória, experimentadas por toda a gente, e a probabilidade de que a interrupção ou a diminuição drástica do pensamento e da preocupação (os principais componentes da tagarelice interior que enche a consciência no estado de vigília comum) venha fazer com que o sono coloque um ponto final no exercício, antes de que a revista do dia seja completada.

Se a revisão noturna, das atividades de cada dia, é praticada de forma consistente, poderá acontecer que momentos de auto-observação comecem a ocorrer espontaneamente durante o dia. O foco da percepção poderá mover-se com o tempo, de modo a aparecer ocasionalmente no aqui e no agora, melhor do que na lembrança ou na antecipação. É nesse ponto que poderá ter início a coleta de dados sobre as funções do pensamento, do sentimento e da sensação. "Instantâneos", ou instantes de observação, podem ser tirados de gestos, tons de voz, expressões faciais e modos habituais de interação com outros, a fim de formar uma coleção na qual os padrões de funcionamento, que fazem de cada um de nós um indivíduo reconhecível, podem ser percebidos. À medida que as minúcias do funcionamento mecânico ressaltam, claramente, de uma extensa coleção desses instantâneos, os tipos de reação inútil e ineficiente serão identificáveis, e talvez aquilo que devemos fazer a respeito deles (se possível) torne-se aparente. Durante cada passo deste processo, o progresso deve estar fundamentado numa compreensão que é tão pessoal que não pode ser esquecida ou desmentida. Al-Ghazali aprendeu isto da maneira mais penosa quando um salteador, que o despojou de tudo, inclusive das suas queridas notas para conferências, declarou: "O conhecimento que pode ser roubado, não vale a pena possuir."

Mas, basta deste assunto. Alguns estudos sobre nós mesmos podem ser feitos por nossa própria conta, mas, conforme dizem os sufis, "Aquele que não tem nenhuma guia tem Shaitan (o demônio) como guia." As observações feitas sem o contexto de uma situação de ensino deverão, inevitavelmente, estar sujeitas a falsificações. Orage advertiu a respeito disso: a mente pensante está cheia de prevenções e de truques de distorção, que fazem com que estas prevenções nos pareçam uma verdade pura. Os exercícios feitos por nossa própria conta são ótimos como prefácio, mas não para todo o Trabalho.

*É praticamente desnecessário dizer-lhes muito sobre a importância da autoridade. Apenas algumas poucas pessoas civilizadas são capazes de existir sem precisar do apoio de outras, ou são até mesmo incapazes de chegar a ter uma opinião independente. Você não pode exagerar a intensidade da irresolução interior de um homem e do seu desejo de autoridade.*

Sigmund Freud

*O nível dos mais devotados estudantes de Gurdjieff e de Ouspensky era muito elevado. Para estudar este movimento, ninguém terá que passar por qualquer tipo de miséria intelectual.*

J. B. Priestley

*Não olhe para a minha forma exterior,*
*mas pegue o que está na minha mão.*

Maulana Jelaluddin Rumi

# VI

# A TRADIÇÃO VIVA

> Depois da morte de um Mestre, o que acontece com seus discípulos e com a doutrina que transmitiu aos mesmos? De que espécie de Mestre falamos aqui, e de que espécie de discípulos? Se, quando os sinos dobram, os discípulos de um homem iniciam um culto, tornam-se sectários ou fanáticos, congelam o pensamento dele e codificam seu mais ligeiro pronunciamento — pode tal situação relacionar-se a um verdadeiro Mestre? [1]

De acordo com alguns, foi uma falha de Gurdjieff nunca ter treinado um único discípulo que fosse capaz de compreender o que se esperava dele. Segundo outros, a doutrina de Gurdjieff ainda é uma doutrina viva, sabiamente cultivada por aqueles que compreendem o Trabalho e seu significado. Seja qual for o caso, há muitos grupos Gurdjieff, e seus frutos podem ser provados por aqueles que realmente desejam fazê-lo.

## AS FUNDAÇÕES GURDJIEFF

No final de outubro de 1949, no Hospital Americano de Paris, o agonizante Gurdjieff passou longas horas numa entrevista privada com Jeanne de Salzmann, que, com seu falecido marido, Alexander, tinha sido sua discípula desde os primeiros dias, em Tiflis e em Constantinopla. Desde aquela época, Mme de Salzmann prestara serviços como dirigente de uma rede de Fundações Gurdjieff, espalhadas pelo mundo. Certamente, aqueles que estão inclinados a entrar no Trabalho de Gurdjieff deveriam pensar seriamente em fazer contato com uma destas Fundações. Isso pode ser feito por meio de carta dirigida ao editor das obras de Gurdjieff. Tomar parte em uma das Fundações Gurdjieff geralmente envolve participação nas reuniões semanais de grupo. Estas normalmente são conduzidas por alguém que foi ensinado por alguém que trabalhou em contato direto com o próprio Gurdjieff. Tipicamente, os grupos seguem uma forma de pergunta-e-resposta; há silêncio até que alguém faça uma pergunta, que é respondida pelo líder do grupo, e há silêncio entre as perguntas. Os estudantes procuram concentrar-se a fim de focalizar cada fração da sua atenção nessas perguntas e respostas, que se relacionam com os aspectos práticos do auto-estudo e com o significado dos esforços feitos no trabalho interior. Porque os tópicos debatidos são levantados pelos membros do grupo, e não pelo professor ou pelo líder, o grupo recebe exatamente o tanto solicitado por seu nível de compreensão coletiva, e nada mais.

É normal que, depois de alguns poucos meses de debates, os alunos tenham permissão para estudar os movimentos. Além disso, poderão ser feitas leituras de obras de Gurdjieff, publicadas e não-publicadas, que estão franqueadas a todos os membros de todos os grupos, e poderá haver dias de trabalho na propriedade ou em algum retiro no campo, onde pequenas turmas trabalham sob a orientação de professores e estudantes mais adiantados.

Fora da rede de Fundações Gurdjieff, há um número crescente de grupos — mais ou menos uns vinte, segundo o *New York Times* — que se apresentam como transmissores dos ensinamentos de Gurdjieff. Alguns deles são como seitas protestantes, discordando daquilo que achan que é uma atmosfera de frígida severidade e nervoso materialismo espiritual, dentro da ortodoxia de Gurdjieff. Outros foram formados por aqueles que têm mais imaginação e boa vontade do que conexão direta ou indireta com Gurdjieff. Conforme Gurdjieff assinalou, uma situação de ensino poderá ser eficiente se as idéias vierem de fontes conscientes, mesmo que o professor não possa identificar ou especificar completamente sua origem — assim, alguns destes grupos dissidentes poderão desempenhar a função de tornar as idéias do Trabalho conhecidas por aqueles que procuram conhecê-las. Embora todos

ENSINAMENTOS DE GURDJIEFF: ALGUMAS LINHAS DE TRANSMISSÃO

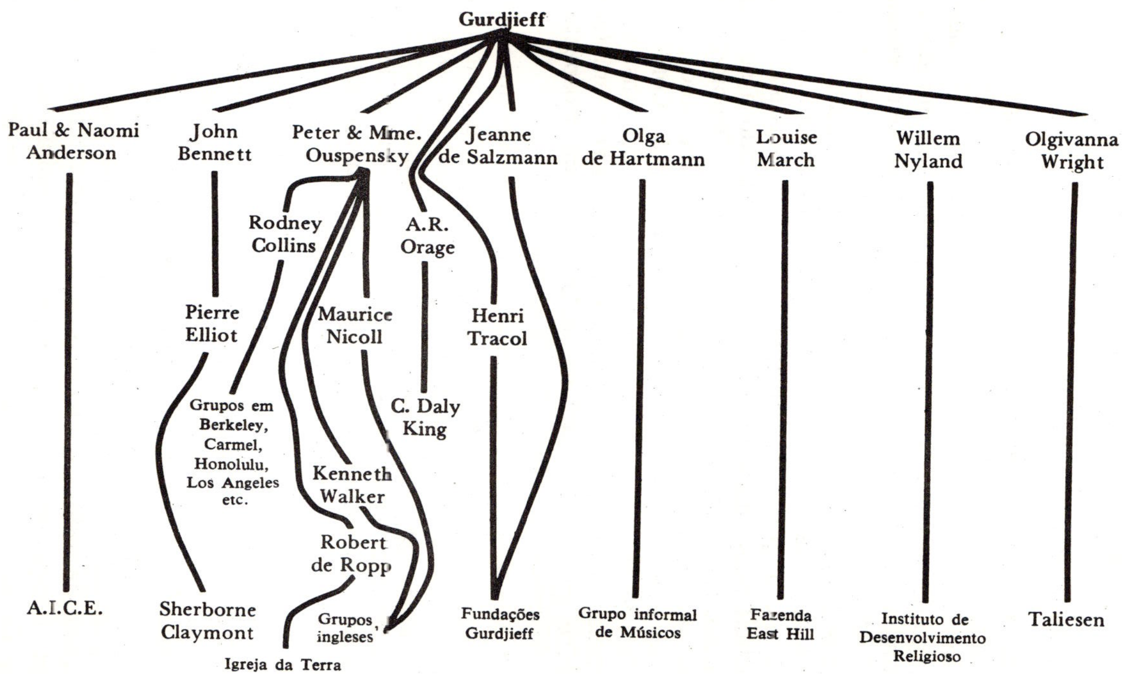

os grupos tenham seu lugar no esquema geral das coisas, aqui só serão considerados aqueles que têm uma linhagem direta e um impacto substancial.

## SHERBORNE E CLAYMONT

As Fundações Gurdjieff têm quadros de membros que, reunidos, devem somar milhares. Nenhuma outra linha de transmissão afetou tantos. A linha mais conhecida, que vem em seguida, talvez seja aquela do falecido John Bennett e seus discípulos na Inglaterra e na América. Bennett encontrou Gurdjieff pela primeira vez em Constantinopla, em 1921. Era um dos poucos que podia conversar com Gurdjieff na língua nativa deste. Suas ligações com ele prosseguiram, com intervalos, até a morte de Gurdjieff, em 1949. Segundo Bennett, Gurdjieff pediu-lhe que transmitisse ao mundo a sua doutrina. Ele o fez, embora com alguma hesitação. Depois de seguir vários outros estudos espirituais durante vinte anos, Bennett fundou a Academia Internacional de Educação Contínua, em Sherborne House, uma mansão georgiana de construção esparramada, na pequena cidade de Sherborne, em Gloucestershire, perto de Oxford, na Inglaterra. Num prospecto, Bennett descreveu a orientação da Academia:

> A Academia é um experimento baseado na presunção de que todo ser humano nasce com o potencial para a auto-realização, através da auto-educação — depois que o processo automático de crescimento é substancialmente completado nos primeiros vinte anos de vida. O homem pode escolher se prefere continuar a desenvolver-se por meio dos seus próprios esforços conscientes, e este desenvolvimento abrirá portas que no momento presente estão fechadas para todos, exceto alguns poucos favorecidos. Mais e mais pessoas sentem necessidade de abandonar a mesquinha imagem de homem imposta por um sistema educacional que tem como propósito produzir especialistas, e especialistas intelectuais, ainda por cima. O objetivo da Academia é equipar os estudantes com técnicas que poderão aplicar no decorrer da vida, para utilização mais eficiente de todos os seus poderes — físicos, mentais e espirituais. A capacidade de aprender do princípio até o fim da vida, de adaptar-se a fazer julgamentos independentes, será cada vez mais necessária no futuro. A inquietação social exis-

tente no mundo inteiro é, em grande parte, devida à incapacidade de as pessoas se adaptarem à vida moderna, porque a educação que tiveram não serviu para mostrar-lhes como viver num mundo que se transforma rapidamente. Se a humanidade deve entrar numa fase de evolução consciente, se o nosso passado não tem que ser o nosso futuro, então as técnicas específicas de auto-realização devem ser colocadas ao alcance de todos. Se a Academia tiver sucesso na tarefa que tomou a si, poderá muito bem ser a precursora de instrumentos similares, adaptados às necessidades de um mundo em transformação. Ela se destina a pessoas de ambos os sexos, de todas as idades e de todas as raças, intelectuais e não-intelectuais. Para admissão, há apenas duas condições: um desejo genuíno de descobrir como viver mais eficientemente em todos os níveis, e disposição para trabalhar sem tréguas para descobrir a resposta.[2]

O programa de treinamento, conforme se acha no prospecto, é muito ambicioso. Inclui cursos de Comunicação, Cosmologia, Energias, Compromisso e Decisão, Gurdjieff e os Mestres da Sabedoria, Tipos Humanos, Psicologia, Exercícios de Movimentos Gurdjieff, O Corpo Humano, Azares e Fracassos da Intenção Humana, Desempenhando o Papel, Dinâmica de Grupo, Ciência Autêntica, Pensamento Criativo, Auto-expressão, Tomada de Decisões em Grupo, Drama, Música e Emoções. Muitas destas matérias eram ensinadas pelo próprio Bennett. Nos cinco anos decorridos desde o seu surgimento, em 1971, até a partida do último grupo de estudantes em 1975, depois da morte de Bennett, várias centenas de pessoas tomaram parte no programa de treinamento realizado em Sherborne, em regime de internato e com a duração de dez meses, baseado nos ensinamentos transmitidos por Gurdjieff.

Como muitos dos estudantes, que estavam em Sherborne, tinham sido recrutados durante um circuito de palestras feitas na América conduzido por Bennett, em 1971, e como ele já tinha planejado fundar uma filial nos Estados Unidos, foi natural que depois da sua morte o foco de trabalho que iniciara migrasse para o Oeste, para a América. Desse modo, em outra mansão de construção esparramada, desta vez no Vale Shenandoah, em West Virginia, um novo programa de treinamento, em regime residencial e baseado na versão de

Bennett, do Trabalho de Gurdjieff, nasceu postumamente. A Sociedade Escola Claymont de Educação Contínua, fez esta oferta em seus prospectos:

> Aqueles que já estão convencidos de que a transformação é possível, e sabem que nenhuma outra coisa dá significado à vida, estão à procura de métodos de realização que de fato funcionem. Aqueles que têm consciência de que há algo terrivelmente errado com o caminho que está sendo tomado pela vida humana nesta terra — e especialmente por suas próprias vidas — estão procurando uma saída. A escola tem algo para oferecer a eles e a todos aqueles que sentem necessidade de ajudar seus semelhantes, mas sabem que primeiro devem ajudar a si mesmos.[3]

Os objetivos a longo prazo, da Sociedade Claymont, são descritos no prospecto como desenvolvimento de uma Escola do Quarto Caminho e o estabelecimento de uma sociedade-modelo, auto-suficiente e satisfatória em todos os planos: físico, intelectual e espiritual. Como no momento em que este livro está sendo escrito a Sociedade se encontra no seu primeiro ano de vida, não há possibilidade de avaliar o grau da sua eficiência na promoção do desenvolvimento individual e da transformação social.

## TALIESIN

Outra linha de transmissão culminou numa escola de arquitetura: a Sociedade Taliesin, em Spring Green, Wisconsin, onde Frank Lloyd Wright e sua esposa, Olgivanna, dirigiram uma comunidade segundo linhas inspiradas por Gurdjieff. Olgivanna Wright tinha residido no Prieure e acompanhara Gurdjieff, e vinte e cinco alunos, na viagem a Nova York, em 1924. Mais tarde, naquele mesmo ano, ela conheceu Frank Lloyd Wright, na Ópera de Chicago. Casou-se com ele quatro anos mais tarde. Foi ela quem apresentou a Wright as idéias de Gurdjieff e quem se encarregou da orientação do Trabalho e da disciplina em Taliesin. Quando ambos abriram as portas de Taliesin para os primeiros estudantes, em 1932, Olgivanna estava com trinta e quatro anos e Frank Lloyd Wright já era um imponente velho de sessenta e cinco anos.

O lugar era dirigido como uma sociedade — "A Sociedade Taliesin", sob a direção de Mr. e Mrs. Frank Lloyd Wright, e seu objetivo era produzir uma arquitetura orgânica numa vida orgânica; a idéia era que, para criar um estado orgânico social, os homens e as mulheres devem começar por viver, simultaneamente, uma tríplice vida: a dos instintos, a dos sentimentos e a da mente. Devem ter seus pés firmemente plantados na terra e devem ser capazes de usar suas mãos; devem ser capazes de usar suas mãos; devem ser capazes de apreciar as coisas do sentimento — a música, a poesia, a pintura, e assim por diante; devem ser capazes de pensar. Esta atividade tríplice deu ao lugar uma vitalidade extraordinária. Era realmente uma escola arquitetural, na qual os alunos moravam com o Mestre que os ensinava que — se desejavam desenhar casas — também deviam ser capazes de construí-las com suas próprias mãos, para poder sentir os materiais com os quais trabalhavam. [4]

Gurdjieff e Wright encontraram-se pela primeira vez em junho de 1931, depois de Gurdjieff ter feito uma conferência em Chicago. Wright ficou impressionado. Escrevendo a respeito de Gurdjieff, disse que ele parecia "ter em si a matéria-prima da qual foram feitos os nossos profetas autênticos. E quando o preconceito contra ele tiver desaparecido, sua visão da verdade será reconhecida como fundamental..." [5] Gurdjieff tornou a visitar os Wright em 1936, desta vez depois que os estudantes já tinham chegado a Taliesin, e impressinou a todos com sua arte culinária e com sua presença. Wright fez a proposta de enviar alguns dos seus aprendizes para a França, para que estes trabalhassem com Gurdjieff.

"Depois, eles poderão voltar para mim e terminarei de prepará-los."

"Você termina!", fuzilou Gurdjieff. "Você é um idiota. *Você* termina! Não! *Você* começa. Eu termino..." [6]

Embora nenhuma troca de estudantes, deste tipo, tivesse ocorrido, a orientação de Taliesin, no sentido da linha das idéias de Gurdjieff, permaneceu forte. Fritz Peters relatou:

Não há dúvida de que Olgivanna "dirige" Taliesin West como se este fosse uma Prieure transplantada, até mesmo chegando ao ponto de os estudantes de arquitetura usarem as mesmas "roupagens" que os discípulos de Gurdjieff às vezes usam nas chamadas demonstrações de danças, ou movimentos. [7]

Quer Taliesin fosse uma imitação, quer fosse um rebento legítimo do método de Gurdjieff, enquanto os Wrights lá estiveram aquilo foi uma comunidade operante, na qual a influência do espírito de Gurdjieff certamente estava presente. Contudo, nada é imutável. Taliesin ainda existe, mas o que ali havia do trabalho de Gurdjieff deve ter descido toda uma oitava, como é da própria natureza de todos os processos que não crescem em força.

## A IGREJA DA TERRA

Robert S. de Ropp, aluno de Mr. e Mme Ouspensky e, por um breve tempo, do próprio Gurdjieff, lidera uma comunidade Gurdjieff em Sonoma County, Califórnia. Por meio do trabalho na terra e no mar, este grupo tentou tornar-se uma sociedade alternativa auto-suficiente, fazendo a escolha consciente de colocar-se diretamente sob as leis que governam a biosfera, como um reconhecimento pessoal e específico do lugar da humanidade no Raio de Criação. Ela é chamada de Igreja da Terra. De Ropp escreve:

> Acorde, abra os olhos, ouça, cheire, sinta, prove, toque, viva. Você não pode passar sua vida dormindo. Ao seu redor, trabalhando incessantemente, estão as forças que geram e sustentam sua vida. Como você pode ser cego a estas grandes forças, como pode perambular pela vida num sonho, como o Tolo do Tarot, que está tão mergulhado no sono que nem mesmo sabe que está perdendo suas calças? A cada hora do dia, o drama cósmico se desenrola diante de você. Uma interminável série de transformações acontece diante dos seus olhos, as sementes se transformam em plantas, as flores em frutos, as plantas em animais, o lixo em solo. Cada planta, cada animal, as nuvens, o Sol, o oceano podem contar estórias sobre si mesmos, se você quiser ouvir. Aprendendo a ver, aprendendo a ouvir, parando de sonhar e despertando, você

virá a ser aquilo que se imagina que o homem seja: os olhos e ouvidos de Deus ou, se prefere, uma parte da consciência do cosmos.

Este objetivo, esta luta para despertar, é a base do verdadeiro impulso religioso. Todas as outras manifestações de religião, os dogmas e rituais, os mitos e os contos de fadas, as ameaças de danação e os sonhos de um céu são, simplesmente, aspectos do jogo de trapaça mais antigo do mundo, que sacerdotes assalariados inventaram para separar os tolos do seu dinheiro. No que diz respeito à nossa Igreja da Terra, não temos sacerdotes assalariados. Temos professores que sabem certas coisas e o lema deles é simples:

*Não posso ensinar aquilo que não sei.* [8]

No presente momento a comunidade, que foi sonhada como um novo Jardim do Éden irrigado por uma fonte mais pura do que a mais importante fonte americana, está ao abandono. O grupo é pequeno e, por causa de uma cavilação da sorte, não possui propriedades. Se De Ropp está disposto a aceitar novos estudantes é uma questão que fica em aberto.

## FAZENDA EAST HILL

Outra comunidade Gurdjieff, a Fazenda East Hill, em Middlesex, Nova York, é um grupo auto-suficiente de artesãos e fazendeiros, cujos artefatos de barro, vidro, ferro, madeira e lã são comerciados no nome de *Rochester Folk Guild.* Este grupo é dirigido por Louise March, também ela artista, que esteve com Gurdjieff no Prieure e que, durante muitos anos, antes de dar início ao *Rochester Folk Guild,* em 1957, esteve ligada à Fundação Gurdjieff de Nova York. De acordo com o New York Times:

> Há uma atmosfera de reserva, de concentração, quase monástica, ao redor da vida nesta fazenda. Nos campos e nas oficinas, os artesãos trabalham, às vezes alongando-se noite a dentro, falando raramente, só para responder uma pergunta ou dar uma orientação. Só o velho sino de estrada de ferro, chamando-os para as refeições, quebra o silêncio.

Segundo eles dizem, cultivam o silêncio "para que a atividade das mãos se harmonize com a atividade dos pensamentos e dos sentimentos". [9]

A comunidade é formada por cerca de quarenta pessoas que trabalham para aperfeiçoar suas habilidades e a si mesmos, pois são "cinzeladas e moldadas" por sua professora.

A. I. C. E./[*I. A. E. C.*]

O Grupo Gurdjieff Conway, também conhecido como "Grupo Anderson", está incorporado como Instituto Americano de Educação Contínua. Interligou grupos situados em outras áreas. Conway está localizado num vale lindo e fértil, nos Berkshires. Embora não seja grande, essa propriedade tem uma horta de legumes e verduras, e uma horta maior, para outras plantações, várias construções anexas, uma casa grande que serve para muitas atividades (e também para o alojamento dos que moram no local) e um chalé, que funciona como residência, escritório e casa de hóspedes.

O Grupo Conway é formado por uma gama variegada de pessoas, a maioria das quais mora em cidades e vilas vizinhas. Há artistas, assim como artesãos, pessoas que se dedicam aos trabalhos de construção, de manutenção e aos trabalhos da fazenda, e também guardas florestais e jardineiros, homens de negócios, banqueiros e contabilistas, lingüistas e muitos estudantes, com e sem título de doutor. De fato, uma variedade de tipos.

Este grupo está sob a orientação de Paul e Naomi Anderson, ambos alunos de Gurdjieff durante muito tempo; iniciaram no Grupo Orage original. Paul Anderson residiu no Instituto para Desenvolvimento Harmonioso do Homem, no período que se seguiu ao acidente sofrido por Gurdjieff, quando apenas americanos tinham permissão para entrar. Juntos, os Andersons também lançaram a primeira versão inglesa de *All and Everything*, uma cópia mimeografada. Esta foi publicada em 1930-31, com o propósito de levantar fundos para Gurdjieff. Ambos os Andersons eram membros do Grupo Orage quando este foi dissolvido por Gurdjieff.

Nos meados da década de trinta, os Andersons moraram em Washington, D. C., onde Gurdjieff os visitou, trazendo

Retrato de Mme de Salzmann

William Nyland

consigo, como ele disse, seus "escritos". Cedeu estes escritos para que fossem lidos nas reuniões de grupo dos Andersons, em Washington. Em 1948-49, por ocasião da sua última visita à América, Gurdjieff indicou Paul Anderson para ser seu "secretário americano" e também para ser um dos dois co-representantes encarregados de manejar suas relações públicas.

Depois da morte de Gurdjieff, na França, em 1949, os Andersons participaram das atividades da recém-formada Fundação Gurdjieff, em Nova York. Depois de alguns anos, os Andersons deixaram voluntariamente a Fundação, para fazer aquilo que, no passado, Gurdjieff afirmara que deveriam fazer, isto é, fundar seus próprios grupos.

## O INSTITUTO DE DESENVOLVIMENTO RELIGIOSO

Os alunos do falecido William Nyland, depois da morte do seu professor, em 1975, continuaram a administrar uma fazenda e várias indústrias caseiras em Warwick, Nova York. William Nyland, químico holandês e musicista sério, estudou com Orage e Gurdjieff e fez parte da Fundação Gurdjieff, em Nova York, até os primeiros anos da década de sessenta, quando se separou para formar seu próprio grupo. Sendo inicialmente um grupo de debates, com base na cidade de Nova York, o círculo de seus alunos expandiu-se para incluir vários grupos de debates e grupos de movimento nas costas Leste e Oeste e em duas comunidades rurais, uma em Warwick, Nova York, e outras em Sebastopol, Califórnia.

## GRUPO Mme DE HARTMANN

Olga de Hartmann atualmente vive numa comunidade no deserto, no Sudoeste, onde um grupo de musicistas e amigos reúne-se ao redor dela para debates ocasionais e sessões de movimentos. A maior parte do trabalho de Mme de Hartmann está centralizado na música que seu falecido marido, Thomas de Hartmann compôs, tanto sozinho como em parceria com Gurdjieff. Há uma grande coleção destas músicas, algumas das quais foram cuidadosamente copiadas à mão por Mme de Hartmann, editadas e gravadas. Os executantes deste legado musical de De Hartmann e Gurdjieff são enviados, freqüentemente, a Mme de Hartmann para receberem sua orientação antes dos concertos, pois nela bate o coração vivo dos ensinamentos de Gurdjieff.

## OUTROS GRUPOS

Estes não são os únicos grupos autenticamente ligados a Gurdjieff. Alguns deles, com longo treinamento no Trabalho, estão dirigindo pequenos grupos independentes. Outros, que nunca conheceram Gurdjieff, mas cuja orientação é tão semelhante que as mesmas fontes parecem estar presentes neles, incluem o Instituto para Desenvolvimento Harmonioso do Ser Humano, de E. J. Gold, em Crestline, Califórnia, e o Instituto Arica, de Oscar Ichazo. Um aluno de Rodney Collins ensina grupos em várias cidades da Califórnia. Um arquiteto que mora em Nova York viaja de trem regularmente até Area Bay, para dirigir grupos que se mantêm dentro da tradição viva do Trabalho Gurdjieff. Além das pessoas beneficiadas diretamente por estes grupos, muitas outras são influenciadas indiretamente por intermédio da difusão da idéia dentro da cultura, através das obras de artistas, escritores, poetas, filósofos e cientistas que foram atingidos pelo impacto da doutrina.

Há muitos outros grupos que usam o nome de Gurdjieff e, pelo que posso dizer (tendo tido a honra de conhecer muitas pessoas que estiveram com Gurdjieff desde o início), talvez haja alguns que transmitam realmente os ensinamentos dele. A maioria não. De que modo uma pessoa, que está seriamente interessada em juntar-se ao Trabalho Gurdjieff, pode mover-se com prudência entre todas estas fontes possíveis? De Ropp diz:

> Até mesmo as pessoas que desejam sinceramente transformar-se, e ajudar na transformação de outras, podem errar o caminho por causa da credulidade, pois antes preferem crer cegamente a comprovar as coisas por si mesmas. Em conseqüência, todos os esforços para libertar os homens da sua escravidão, realizados por aqueles que já conquistaram a liberdade interior, tendem a ser frustrados pela credulidade do homem unida à sua preguiça e relutância em pensar por si mesmo.
>
> Portanto, não importa quão influente seja o professor, pode-se ter certeza de que seus seguidores sempre

> conseguirão fazer uma embrulhada com seus ensinamentos e provocar uma parada no seu trabalho. Geralmente, eles fazem isso criando um culto de personalidade em torno do próprio professor e fossilizando tudo na forma exata em que tudo lhes foi transmitido. Usando este ensinamento fossilizado, dedicam-se a repetições mecânicas de certas formas de comportamento, afirmando, para si mesmos e uns para os outros, que conquistarão a liberdade e uma consciência mais elevada desde que nunca, mas nunca, façam a mais ligeira mudança em qualquer coisa que lhes foi ensinada pelo mestre.
>
> Contudo, a vida é mudança e aquilo que é adequado a um período não é, necessariamente, válido para outro. Portanto, todo este esforço para manter-se agarrado a certas formas resulta apenas na detenção do desenvolvimento. Assim, outro professor tem que aparecer, esmagar o fóssil e começar tudo de novo. Isto naturalmente provoca gritos de indignação entre os Verdadeiros Crentes, cujo sono é perturbado e cujos hábitos confortáveis são desorganizados.[10]

A forma do quarto caminho deve depender do tempo, do lugar e das pessoas. Não há esperanças de reconhecer sua manifestação autêntica por meio da linguagem, da atividade e do objetivo ou manifestação exterior. Embora existam mestres perfeitos, aqueles que se encontram no estado de vigília comum não podem vê-los. A procura do ensinamento será uma experiência nas nossas idéias preconcebidas, nas necessidades de dependência e no funcionamento mecânico; será outra volta no círculo interminável do condicionamento. Como, então, é possível entrar em contato com a doutrina?

Segundo Gurdjieff, a forma de atrair a situação certa é reunir e concentrar, em nosso próprio ser, substâncias mais elevadas, vibrações mais altas que chamam a si as forças que estão esperando para ajudar-nos. Quando o discípulo está pronto, o mestre aparece. Este é um dos significados da frase bíblica: "Para aquele que tem, será dado; daquele que não tem, será tirado." O trabalho de reunir nossas forças resume-se no esforço consciente de nos lembrarmos de nós mesmos e no sofrimento voluntário de vivermos na realidade, aqui e agora.

## A DIFUSÃO DA DOUTRINA DO QUARTO CAMINHO NO OCIDENTE:

Pessoas culturalmente influentes, que foram afetadas pelas idéias de Gurdjieff

Rudyard Kipling, escritor e poeta

Frank Lloyd Wright, arquiteto

Jean Toomer, poeta da Renascença Negra

Margaret Anderson, escritora

Katherine Hulme, escritora

Katherine Mansfield, escritora

Minor White, fotógrafo

Georgia O'Keeffe, pintora

Zona Gale, escritora

Gorham Munson, editor

Moshe Feldenkreis, médico e fisiologista

Alexandro Jodorowsky, produtor cinematográfico

J. B. Priestley, escritor

Peter Brooks, diretor

e um número surpreendente de outras figuras públicas, que desejam permanecer no anonimato.

# NOTAS

CAPÍTULO I

As citações, no início do capítulo são de: "Saying of Mohammed", Ouspensky, P. D.: *In Search of the Miraculous*, Nova York, Harcourt, Brace & Co., 1949.

1. Castaneda, C.: *Journey to Ixtlan.* Nova Yory, Simon and Schuster, 1973.
2. Gurdjieff, G. I.: *The Herald of the Coming Good.* Paris, 1933, Nova York, Weiser, 1970, p. 13. Reimpressão.
3. Gurdjieff, G. I.: ibid., p. 17.
4. Ouspensky, P. D.: *In Search of the Miraculous.* Nova York, Harcourt, Brace and Co., 1949, p. 102.
5. *Ibid.*, p. 16.
6. *Ibid.*, p. 303.
7. Indries Shah descreve os ensinamentos de Gurdjieff, em uma Nota do seu opúsculo *Special Problems in the Study of Sufi Ideas,* Sociedade para a Compreensão do Fundamento das Idéias, Tunbridge Wells, 1966:

   "G. I. Gurdjieff deixou abundantes dados relativos às origens de quase todos os itens de seu sistema, embora — é claro — se relacione mais especificamente ao ramo Khajagan (Naqshbandi) do ensinamento dervixe. Como adendo à prática do "trabalho", os livros de Gurdjieff (*Beelzebub* e *Meetings with Remarkable Men*) estão repletos de referências — algumas veladas — ao sistema sufi. Ele cita nominalmente os naqshbandis, os kubravis e outros sufis, no "prospectus" de uma apresentação pública, em Paris, 1923, dando como fontes, *inter alia,* as práticas dervixes dos naqshbandis, qadiris, kalandars, kubravis e mevlevis..."
8. Gurdjieff, G. I.: *Life is Real Only Then, When "I Am".* E. P. Dutton & Co., for Triangle Editions, Nova York, 1975, p. 27.
9. É o segundo ferimento a bala, por ele relatado como acidente de caça, quando ainda moço. Acidente esse previsto por um sensitivo.

10. Pauwels, L.: *Gurdjieff*. Nova York, Samuel Weiser, 1972, p. 31.
11. Gurdjieff, G. I.: *Life is Real Only Then, When "I Am"*, p. 20.
12. Ibid., p. 23.
13. Ibid., p. 24.
14. Wilson, C.: *The Outsider*. Nova York, Houghton Mifflin, 1967.
15. Ouspensky, P. D.: op. cit., p. 7.
16. De Hartmann, T.: *Our Life with Mr. Gurdjieff*. Nova York, Cooper Square Publishers, 1964.
17. Gurdjieff, G. I.: *All and Everything: Beelzebub's Tales to His Grandson*. Nova York, Harcourt, Brace & Co., 1950.
18. Gurdjieff, G. I.: *Meetings with Remarkable Men*. Nova York, E. P. Dutton & Co., 1963.
19. Gurdjieff, G. I.: *Life is Real Only Then, When "I Am". Loc. cit.*
20. Gurdjieff, G. I.: *All and Everything*, op. cit.
21. Plewes, E.: *Guide and Index to G. L. Gurdjieff's All and Everything*. Toronto, The Society for Traditional Studies, 1971.
22. Gurdjieff, G. I.: *Herald of the Coming Good, op. cit.*

CAPÍTULO II

Os símbolos no início do capítulo são de:

Halevi, Z'ev ben Shimon: *An Introduction to the Cabala: Tree of Life*. Nova York, Samuel Weiser, Inc., 1972.

Zimmer, Heinrich: *Myths and Symbols in Indian Art and Civilization*. Nova York, Harper, 1962.

Graham, F. Lanier, ed.: *The Rainbow Book*. Berkeley: Shambala, 1975.

1. Ouspensky, P. D.: *In Search of Miraculous*. Nova York, Harcourt, Brace & Co., 1949, p. 30.
2. *Ibid.*, p. 88.
3. *Bhagavad Gita*, III, 27-28.
4. Segundo King, C. D.: *The Oragean Version*. Livro não divulgado. Long Valley, N. J., 1949, pp. 36-7. Os interessados na Lei do Três poderão encontrar uma versão completa na secção de Trialética, no *Manual for Arica Trainers*. Nova York, Arica Institute, 1972. Lizelle Reymond relaciona a Lei do Três com a filosofia samkhya, no livro *To Live Within*. Baltimore, Penguin Books, 1973.
5. Segundo Reyner, J. H.: *The Diary of a Modern Alchemist*. Londres, Neville Spearman, 1974, p. 108. Outra fonte: *The Musical Scale and the Scheme of Evolution*. Oceanside, Calif. The Rosicrucian Fellowship, 1949.

6. Segundo King, C. D.: *op. cit.*, p. 157. Um estudo sobre o metabolismo dos três alimentos encontra-se no livro de Ouspensky, *In Search of the Miraculous.*

CAPÍTULO III

As citações, no início do capítulo, são de:
Reich, W.: *Selected Writings.* Nova York, Farrar, 1960, p. 470.
Hume, David: *Of Abstract Ideas,* Livro I, Parte IV, Sec. IV.
Skinner, B. F.: "An Interview with Mer. Behaviorist: B. F. Skinner", in *Psychology Today* 1 (5), p. 69.

1. Ouspensky, P. D.: *The Psychology of Man's Possible Evolution.* Nova York, Alfred Knopf, 1954, p. 13.
2. Assagioli, Roberto: *Psychosynthesis: A Manual of Principles and Techniques.* Nova York, Viking/Compass, 1971. *An Act of Will.* Nova York, Viking/Compass, 1973.
3. Skinner, B. F.: *Science and Human Behavior.* Nova York, Macmillan, 1953. Ele faz uma muito boa exposição acerca da psicologia do estímulo-resposta no comportamento do Eu. Os ensinamentos de Gurdjieff sobre o Eu assemelham-se com os de Skinner e com os da doutrina budista da *annata,* não afinando, portanto, com os psicólogos ocidentais.
4. Ouspensky, P. D.: *In Search of the Miraculous.* Nova York, Harcourt, Brace and Co., 1949, p. 21.
5. Nicoll, M.: *Psychological Commentaries on the Teachings of Gurdjieff and Ouspensky,* 5 vols. Londres, Vincent Stuart, 1952-56, p. 52.
6. *Ibid.*
7. Gurdjieff, G. I.: *Herald of the Coming Good.* Paris. Reimpresso, Nova York, Weisser, 1970, p. 30.
8. Sheldon, W.: *Varieties of Human Physique: An Introduction to Constitucional Psychology.* Nova York, Harper, 1940; e *Varieties of Temperament: a Psychology of Constitutional Differences.* Nova York, Harper, 1942.
9. Gurdjieff, G. I.: *Views from the Real World: Early Talks of Gurdjieff as Recollected by his Pupils.* Nova York, E. P. Dutton & Co., 1973, p. 119.
10. *Ibid.*, p. 115.
11. *Ibid.*, p. 120.
12. Krishnamurti, J.: *Krishnamurti's Notebook.* Nova York, Harper & Row, 1976, p. 30.
13. James, W.: *The Varieties of Religious Experience.* Nova York, Collier Books, 1961.

14. Bucke, R.: *Cosmic Consciousness.* Nova York, E. P. Dutton & Co., 1901. Reimpresso em New Hyde Park, Nova York, University Books, 1961.

15. De Ropp, R.: *The Master Game.* Nova York, Delacorte Press, 1968, p. 62.

16. Ouspensky: *op. cit.*, p. 13.

17. Castaneda, C.: *Tales of Power.* Nova York, Simon and Schuster, 1975.

18. Nott, S.: *Teachings of Gurdjieff: The Journal of a Pupil.* Londres, Routdlege & Kegan Paul, 1961, p. 23.

19. *Ibid.*, p. 23.

20. Gurdjieff, G. I.: *All and Everything: Beelzebub's Tales to His Grandson.* Nova York, Harcourt, Brace & Co., 1950, p. 88.

21. *Ibid.*, p. 1.183.

22. Shah, I.: *Tales of the Dervishes.* Londres, Jonathan Cape, 1967. Nova York, E. P. Dutton & Co., 1970.

23. Anonymous. "Finding the real self: a letter with a foreword by Karen Horney." *Am. J. Psychoanal.*, 1949, p. 93, conforme citação feita, ao pé da página, no livro de Maslow, A., intitulado *Toward a Psychology of Being.* Princeton, Van Nostrand, 1962.

24. Ouspensky: *op. cit.*, pp. 251 e ss.

25. *Ibid.*, p. 163.

CAPÍTULO IV

As citações, no início do capítulo, são de:

Maslow, A.: *Toward a Psychology of Being.* 2.ª ed. Nova York, Van Nostrand, 1968, p. 173.

Shah, I.: *The Way of the Sufi.* Nova York, E. P. Dutton & Co., 1969, p. 155.

1. Ouspensky, P. D.: *In Search of the Miraculous.* Nova York, Harcourt, Brace & Co., 1949, p. 363.

2. *Ibid.*, p. 200.

3. De Ropp, R.: *Conversations with Mme. Ouspensky: 1939-40 at Lyme.* Far-West Press, 1974.

4. Long-chen-pa: *Kindly Bent to Ease Us.* Trad. por H. Guenther. Emeryville, Calif., Dharma Press, 1975.

5. Nott, S.: *Journey Through This World: Meetings with Gurdjieff, Orage and Ouspensky.* Londres, Routledge & Kegan Paul, 1969.

6. Satprem: *Sri Aurobindo ou the Adventure in Consciousness.* Pondicherry: Sri Aurobindo Ashram, 1970, p. 91.

7. Lutyens, M.: Krishnamurti: *The Years of Awakening.* Nova York, Farrar Straus, 1975, p. 158.

8. Muktananda, S.: Chitshakti Vilas: *The Play of Consciousness.* Ganeshpuri: Sir Gurudev Ashram, 1972, p. 162.

9. Luk, C.: *The Transmission of Mind Outside the Teaching.* Nova York, Grove Press, 1974, p. 19.

10. Gurdjieff, G. I.: *All and Everything: Beelzebub's Tales to His Grandson.* Nova York, Harcourt, Brace & Co., 1950.

11. Ouspensky, P. D.: *op. cit.*, p. 250.

CAPÍTULO V

As citações, no início do capítulo, são de:

Shaffi, M.: "The pir (Sufi guide) and the Western psychoterapist." R. M. *Bucke Memorial Society Newsletter Review,* 3: 9-19.

Kafka, F.: *The Great Wall of Chine: Stories and Reflections.* Nova York, Schoeken Books, 1970, p. 162.

1. Gurdjieff, G. I.: *Views from the Real World: Early Talks of Gurdjieff as Recollected by his Pupils.* Nova York, E. P. Dutton & Co., 1973, p. 70.

2. Ouspensky, P. D.: *In Search of the Miraculous.* Nova York, Harcourt, Brace & Co., 1949, p. 37.

3. *Ibid.*, p. 39.

4. Martin, D. M.: "Account of the Sarmoun Brotherhood", in Davidson, R. W., ed.: *Documents of Contemporary Dervish Communities.* Society for Organizing Unified Reseach in Cultural Education. Londres, 1966, p. 23.

5. Ouspensky, P. D.: *The Psychology of Man's Possible Evolution.* Nova York, Alfred Knopf, 1954, p. 280.

6. King, C. D.: *The Oragean Version.* Long Valley N. J., 1949, p. 94.

7. Shah, I.: "The Story of Mushkil Gusha", in *Caravan of Dreams.* Londres, Octagon Press, 1968, p. 117.

8. De Ropp, R.: *Church of the Earth.* Nova York, Delta Books, 1974, p. 55.

9. Nicoll, M.: *Psychological Commentaries on the Techings of Gurdjieff and Ouspensky,* 5 vols. Londres, Vincent Stuart, 1952-56, p. 457.

10. Tracol, H.: *George Ivanovitch Gurdjieff: Man's Awakening and the Practice of Remembering Oneself.* Bray. Guild Press, 1968.

11. Gurdjieff, G. I.: *op. cit.*, p. 240.

12. De Ropp, R.: *Conversations with Mme. Ouspensky: 1939-40 at Lyme.* Far-West Press, 1974.

13. Nicoll, M.: *op. cit.*, p. 456.
14. Gurdjieff, G. I.: *op. cit.*, p. 98.
15. *Ibid.*, p. 92.
16. De Hartmann, T.: *Our Life with Mr. Gurdjieff*. Nova York, Cooper Square Publishers, 1964, p. 42.
17. Ouspensky, P. D.: *op. cit.*, p. 268. Maiores informações podem ser encontradas nos eneagramas de fixações, paixões, virtudes e idéias, apresentados em "The Arica Training", de Lilly, J. e Hart, J., em *Transpersonal Psychologies,* de Tart, C. Nova York, Harper & Row, 1974, pp. 331-51. O sistema todo é ensinado oralmente em Arica e SAT.
18. Nott, C. S.: *Teachings of Gurdjieff: The Journal of a Pupil.* Londres, Routledge & Kegan Paul, 1961.
19. Nicoll: *op cit.*, p. 695.
20. Gurdjieff, G. I.: *op. cit.*, p. 92.
21. Nicoll: *op. cit.*, p. 696.
22. Gurdjieff, G. I.: *op. cit.*, p. 100.
23. Peters, F.: *Boyhood with Gurdjieff*. Nova York, E. P. Dutton & Co., 1964, p. 72.
24. Gurdjieff, G. I.: *op. cit.*, p. 95.
25. Segundo Ouspensky, P. D.: 1949, *op. cit.*, p. 282.
26. Ouspensky, P. D.: 1949, *op. cit.*, p. 354.
27. Gurdjieff, G. I.: *op. cit.*, p. 160.
28. Martin, D.: "Account of the Sarmoun Brotherhood", em *Documents on Contemporary Dervish Communities.* Londres, Society for Organizing Unified Research in Cultural Education, 1966, p. 22.
29. Ouspensky: 1949, *op. cit.*, p. 235.
30. *Ibid.*, p. 49.
31. Ouspensky, P. D.: 1954, *op. cit.*, p. 19.
32. Orage, A. R.: *The Active Mind.* Nova York, Heritage House, 1954, p. 12.
33. *Ibid.*, p. 94.

### CAPÍTULO VI

As citações, no início do capítulo, são de:

Freud, S.: "The future prospects of psychoanalytic therapy", em Reif, P., ed.: *Therapy and Technique.* Nova York, Collier Books, 1963, p. 82.

Priestley, J. B.: *Man and Time.* Nova York, Doubleday & Co., 1964, p. 264.

Rumi in Shah, I.: *The Way of the Sufi.* Nova York, E. P. Dutton & Co., 1970, p. 31.

1. Tracol, H.: *George Ivanovitch Gurdjieff: Man's Awakening and the Practice of Remembering Oneself.* Bray, Guild Press, 1968. p. 5.
2. Bennett, J. B.: *Prospectus of the International Academy for Continuous Education.* Sherborne. The Institute for the Comparative Study of History, Philosophy and the Sciences Limited, 1972.
3. *Prospectus of the Claymont Society for Continuous Education.* The Claymont Society for Continuous Education, Inc. (sem data).
4. Nott, C. S.: *Journey Through This World: Meetings with Gurdjieff, Orage and Ouspensky.* Londres, Routledge & Kegan Paul, 1969.
5. Twombly, R. C.: "Organic Living: Frank Lloyd Wright's Taliesin Fellowship and Georgi Gurdjieff's Institute for the Harmonious Development of Man", *Wisconsin Magazine of History,* Inverno, 1974-75, pp. 126-139.
6. Nott: *op. cit.*
7. Peters, F.: citado em Twombly, *op. cit.,* p. 137.
8. De Ropp, R.: *Church of the Earth.* Nova York, Delta Books, 1974, p. 43
9. *New York Times:* 5 de agosto de 1975, p. 22.
10. De Ropp: *op. cit.,* pp. 156-7.

# LEITURAS ADICIONAIS


*Apanhado básico das idéias de Gurdjieff:*

Bennett, J. G., *Gurdjieff: Making a New World.* Nova York, Harper & Row, 1974.

Ouspensky, P. D., *In Search of the Miraculous.* Nova York, Harcourt, Brace and Co., 1949.

*Outros dados podem ser encontrados em:*

Walker, K., *Venture with Ideas.* Londres, Jonathan Cape, 1951.

Walker, K., *A Study of Gurdjieff's Teaching.* Londres, Jonathan Cape, 1957.

*Livros do próprio Gurdjieff:*

*All and Everything.* Nova York, Harcourt, Brace & Co., 1950.

*Meetings with Remarkable Men.* Nova York, E. P. Dutton & Co., 1963.

*Herald of the Coming Good.* Paris, 1933. Reimpresso em Nova York, Weiser, 1970.

*Views from the Real World: Early Talks of Gurdjieff as Recollected by His Pupils.* Nova York, E. P. Dutton & Co., 1973.

*Life is Real Only Then, When "I Am".* Nova York, E. P. Dutton for Triangle Editions, 1975.

*São muitos os relatos* de experiência pessoal com Gurdjieff. Descrições vívidas de sua personalidade e de seus ensinamentos encontramos em:

De Hartmann, T., *Our Life with Mr. Gurdjieff.* Nova York, Cooper Square Publishers, Inc. 1964.

Peters, F., *Boyhood with Gurdjieff.* Nova York, E. P. Dutton & Co., 1964.

Bennett, J., *Witness.* Nova York, Dharma Books, 1962.

Nott, S. C. *Teachings of Gurdjieff: The Journal of a Pupil.* Londres, Routledge & Kegan Paul, 1964.

*Descrição dos ensinamentos de Gurdjieff*, feita por discípulos seus, incluindo material de ensino atual, podemos encontrar em:

Ouspensky, P. D., *The Psychology of Man's Possible Evolution*. Nova York, Alfred Knopf, 1954.

Ouspensky, P. D., *The Fourth Way*. Nova York, Alfred Knopf, 1957.

Nicoll, M., *Psychological Commentaries on the Teaching of Gurdjieff an Ouspensky*. Londres, Vincent Stuart, 1952.

Aluno de GURDJIEFF durante alguns anos e expositor fiel das idéias deste, P. D. OUSPENSKY apresenta, nos livros PSICOLOGIA DA EVOLUÇÃO POSSÍVEL AO HOMEM e FRAGMENTOS DE UM ENSINAMENTO DESCONHECIDO, o ensinamento de GURDJIEFF sobre a possibilidade de desenvolvimento consciente e harmonioso do homem.

Em FRAGMENTOS especialmente, OUSPENSKY mostra-nos como essa evolução psicológica do homem se inscreve, segundo GURDJIEFF, num contexto cosmológico cuja compreensão depende de uma modificação radical do nível de ser do homem.

"A mensagem trazida por GURDJIEFF, a concepção do ser humano que ele nos oferece e o modo como fazia seus seguidores compreenderem o sentido e a razão de ser da vida humana contêm em potência a *resposta profunda* às indagações do homem moderno diante do formidável poder material posto atualmente à disposição dele.

Essencialmente de acordo com os dados tradicionais do grande conhecimento, o ensinamento de GURDJIEFF não pode deixar de tocar, com inegável força, todos os "buscadores da verdade", convidando-os a *pôr em questão os valores* em que até agora apoiavam suas vidas" (*In* VERS L'ÉVEIL À SOI-MÊME, de JEAN VAYSSE).

Na introdução a VIEWS FROM THE REAL WORLD, palestras de GURDJIEFF compiladas por seus alunos, está dito:

"Em que consiste seu ensinamento ? É inteligível para todos ?

Ele mostrou que a evolução do homem – tema proeminente do pensamento científico em sua mocidade – não pode ser alcançada através das influências de massa, mas é o resultado de um crescimento interior individual. A meta de todas as religiões, de todos os caminhos, era esta abertura interior, que requer, no entanto, um conhecimento direto e preciso das mudanças na qualidade da consciência interior de cada homem, conhecimento preservado em lugares que ele visitou, mas que só se pode adquirir com um guia experimentado através de prolongado auto-estudo e 'trabalho sobre si'."